8527307421

CB063769

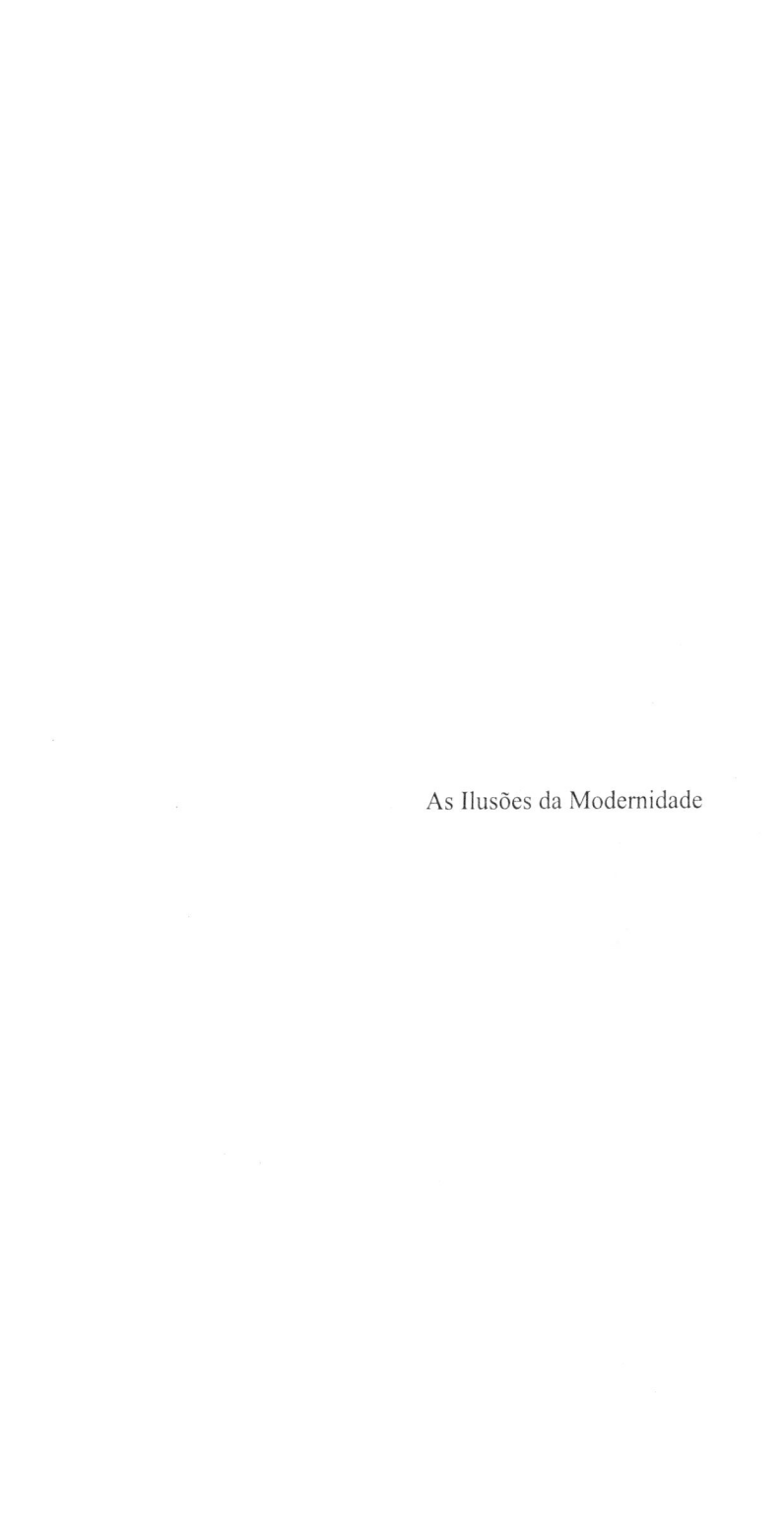

As Ilusões da Modernidade

Coleção Debates
Dirigida por J. Guinsburg

Equipe de realização – Revisão: Plinio Martins Filho; Produção: Ricardo W. Neves e Raquel Fernandes Abranches.

joão alexandre barbosa
AS ILUSÕES DA MODERNIDADE

NOTAS SOBRE A HISTORICIDADE DA
LÍRICA MODERNA

 PERSPECTIVA

Dados Internacionais de Catalogação na Publicação (CIP)
(Câmara Brasileira do Livro, SP, Brasil)

Barbosa, João Alexandre
  As ilusões da modernidade / João Alexandre
Barbosa. — São Paulo : Perspectiva, 2009. —
(Debates ; 198 / dirigida por J. Guinsburgh)

  ISBN 978-85-273-0742-0

  1. Poesia lírica - História e crítca 2. Poesia
romântica - Século 19 - História e crítica 3. Poesia
romântica - Século 20 - História e crítica
I. Guinsburg, J. II. Título. III. Série.

05-7179   CDD-809.14

Índices para catálogo sistemático:
1. Poesia lírica : História e crítica 809.14

1ª edição – 2ª reimpressão

Direitos reservados à
EDITORA PERSPECTIVA S.A.

Av. Brigadeiro Luís Antônio, 3025
01401-000 – São Paulo – SP – Brasil
Telefax: (0--11) 3885-8388
www.editoraperspectiva.com.br

2009

À memória de
Antonio Costa Barbosa, irmão e amigo
Regina Schnaiderman, mestra e amiga
e
Jorge Carneiro da Cunha, a própria amizade.

SUMÁRIO

Nota para esta edição 7
Prefácio 9
1. As Ilusões da Modernidade 13
2. Baudelaire, ou a Linguagem Inaugural 39
3. Mallarmé, ou a Metamorfose do Cisne 65
4. Valéry: Leitura Viva do Cemitério 77
5. Presença de Jorge Guillén 97
6. Balanço de João Cabral de Melo Neto 107
7. Haroldo de Campos: um Cosmonauta do Significante 139
8. *Envoi*: A Tradução como Resgate 155
Nota bibliográfica 159

NOTA PARA ESTA EDIÇÃO

Embora publicado em 1986, este livro, o segundo em que eram reunidos textos diversos, todo eles centrados em torno da poesia, foi pensado e escrito, com exceção daquele que trata de João Cabral, nos anos 70. As datas precisas de publicação original e as fontes dos ensaios são dadas na "Nota Bibliográfica" no fim do volume.

Por outro lado, o prefácio diz dos objetivos mais amplos do conjunto de ensaios, em que se destaca, sem dúvida o subtítulo do livro: "Notas sobre a Historicidade da Lírica Moderna". Este é, creio, o grande tema do livro: a qualidade de história que é incorporada pelo texto poético, a que se agrega um motivo substancial como elemento operacionalizador daquela incorporação que é a tradução.

O primeiro ensaio, que dá o título ao livro, "As Ilusões da Modernidade", é, juntamente com o primeiro texto do livro anterior, *A Metáfora Crítica*, intitulado "Exercícios de Definição", dos mais teóricos que já publiquei e tem por escopo precisamente destacar o movimento de leitura poética que, mais tarde, chamarei de *intervalo*, em que os aspectos da realidade, sejam os históricos, os psicológicos ou os sociais, são, por assim dizer, absorvidos por força da própria construção poética.

Cria-se, então, aquelas duas ilusões centrais acentuadas pela modernidade: a da ubiqüidade e a da intemporalidade. Ilusões que, parecendo negar a história, na verdade terminam por enfatizar a qualidade de história da poesia, aquilo a que se chama de historicidade.

É a percepção dessa qualidade, num roteiro de menor a maior radicalidade, que se persegue na leitura dos diversos poetas e poemas que são os temas dos ensaios seguintes.

Baudelaire, Mallarmé, Valéry, Jorge Guillén, João Cabral e Haroldo de Campos são lidos como exemplares no conjunto daquilo que, com propriedade aproximada, chamamos, ao menos desde Baudelaire e de *Les fleurs du mal*, de modernidade.

É claro que muita coisa ficou, e fica, por ser mais amplamente desenvolvida. E o motivo da tradução, que aparece apenas como um *envoi* no final do livro, não é, certamente, a única.

Para início de conversa, e do jovem crítico de então, foi o que se pôde alcançar.

PREFÁCIO

Como todos os livros, este também possui a sua história secreta: uma certa organização imposta pelo autor e que resulta de intenções nem sempre claras para o leitor.

Escritos em épocas diversas, atendendo a circunstâncias diferentes, cada ensaio tem, para o autor, a sua individualidade própria. Incorporados em livro, os escritos assumem uma outra individualidade, sofrendo a contaminação do conjunto.

Neste sentido, talvez seja interessante, sobretudo para a leitura do que resultou em livro, conhecer aquilo que o autor dele busca como comunicação essencial, desde que a história de cada texto está explícita na nota bibliográfica.

Em primeiro lugar, o subtítulo do livro diz muito: os textos aqui reunidos são vistos pelo autor antes como *notas* do que como *estudos*, isto é, como anotações de leituras de poesia e de poetas que se articulam, entretanto, por um certo ângulo de preocupação teórica que vem a ser o que se chama de historicidade. O que, neste livro, se entende por historicidade está delineado no primeiro texto — o mais ambiciosamente teórico do conjunto.

Historicidade: o modo pelo qual as articulações internas do texto definem e são definidas pela leitura da história circunstancial e da história literária. Mais ainda: a maneira pela qual se estabelece uma dependência entre as duas leituras. Talvez o problema seja melhor percebido lendo-se o texto sobre Baudelaire: no poema "Le Cygne", a história circunstancial (pessoal e coletiva) e a história literária formam o patamar a partir do qual a lírica moderna passa a ser o registro da impossibilidade de uma opção entre as duas.

Na verdade, a historicidade da literatura parece ser o lugar de convergência de aspectos topológicos e tropológicos que constituem a existência mesma do texto literário. Que, de alguma maneira, a intensidade desta convergência — agora mais procurada do que acidental — é mais acentuada na poesia moderna, isto é, a poesia pós-romântica, não parece haver dúvida.

A leitura do soneto de Mallarmé aponta para a radicalização do processo, sobretudo se considerada como complementação da leitura anterior de Baudelaire.

Radicalização: no soneto de Mallarmé, a historicidade é aquilo que resta de uma poética de negatividade. O soneto, de fato, traduz a historicidade do topos na própria operação poética: de uma metáfora *do* poema a uma metáfora *para* o poema e a poesia.

Da mesma maneira, a leitura do longo poema de Paul Valéry busca indicar de que modo o ritmo do poema (e sua sintaxe, para lembrar O. Brik) é o ritmo de um mundo pessoal e de cultura interiorizado por força da consciência poética.

Finalmente, as notas sobre Jorge Guillén, João Cabral e Haroldo de Campos ampliam o leque de exemplos para a preocupação central. Seja num poeta para quem o canto existe como experiência totalizadora da existência (Guillén); seja na difícil e tensa relação que João Cabral preserva, em sua obra, entre a poesia como signo autônomo e de comunicação (para lembrar J. Mukařovsky); seja, enfim, no modo pelo qual a poesia de Haroldo de Campos busca a traduzibilidade de espaços e tempos num percurso de linguagem no qual, constituem uma meditação sobre a qualidade da história que importa para a leitura da poesia, ao menos para o autor dele.

De fato, há uma espécie de palimpsesto teórico que atravessa o livro e que, por isso, é dado como *envoi*: o motivo da tradução.

Grande parte do livro foi pensada durante a vigência de uma Guggenheim Fellowship em 1977. Lido e relido pelo leitor fino que é Jacó Guinsburg, é a ele que deve a sua existência não apenas física, enquanto editor, mas como conjunto articulado, enquanto amigo dedicado.

1. AS ILUSÕES DA MODERNIDADE

Início, ruptura, tradição, tradução e universalidade: eis os termos de uma viagem. Com eles, julgo ser possível cobrir um largo espectro das relações entre poesia e modernidade.

Na verdade, como as ondas que se formam na água, minúsculas, incessantes, a partir do impacto de um objeto sólido, assim este texto — esse, aquele, o-que-há-de-vir — pretende operar a convergência de numerosos textos projetados.

Texto-esponja e, ao mesmo tempo, texto-pedra, abrindo fulcros, singrando ondas, construindo o espaço para a reflexão.

Início: não apenas o começo da poesia moderna mas a poesia como começo. É claro que a pergunta seguinte é vertiginosa: começo de quê? Responder desde já, no entanto, seria colocar no início o fim das reflexões possíveis. Por isso, a pergunta fica sem resposta, conservando o texto nos limites da impossibilidade.

Digamos assim: começo de um certo tipo de relação entre o poeta e a linguagem da poesia e, mais do que depressa, entre o leitor e o poema. A ampliação é inevitável: como se vai ver, a primeira relação é modificada na medida em que a segunda se transforma numa condição imprescindível à sua operacionalidade. Entre o poeta e a linguagem, o leitor do poema deixa de ser o consumidor para se incluir como latência de uma linguagem possível. Não se escreve mais apenas *para* o leitor: este é o Édipo de uma Esfinge cujo nome o poeta-oráculo esqueceu. Por isso, a decifração não está mais na correta tradução do enigma mas sim na recifração, criação de um espaço procriador de enigmas por onde o leitor passeia a sua fome de respostas.

Entre a linguagem da poesia e o leitor, o poeta se instaura como o operador de enigmas, fazendo reverter a linguagem do poema a seu eminente domínio: aquele onde o *dizer* produz a reflexividade. Parceiros de um mesmo jogo, poeta e leitor aproximam-se ou afastam-se conforme o grau de absorção da/na linguagem.

Parecendo ser do poeta, a primeira cartada já inclui o leitor, revelado pela explicitação no uso da linguagem. O ponto zero das relações está situado na implicação do leitor no poeta, sua consciência. O início, portanto, é uma busca pelo momento em que seja possível deflagrar a linguagem.

O que chamo de poesia moderna é, sobretudo, aquela em que a busca pelo começo se explicita através da consciência de leitura: a linguagem do poeta é, de certo modo, a tradução/traição desta consciência.

Neste sentido, começar o poema equivale a repensar a sua viabilidade através da armação de novos enigmas cuja solução o leitor há de procurar não somente na personalidade do poeta mas naquilo que — indício de um trajeto de leituras — aponta para a saturação dos usos da linguagem.

Por isso, a consciência que o poema deixa aflorar não é apenas descritiva do poeta enquanto personalidade: cada verso, cada imagem, ritmo ou anotação semântica, tudo propõe a recuperação da qualidade histórica do poema. Leitor da história de seu texto, o poeta instaura, mesmo que seja por virtude de um silêncio prolongado, o momento para a reflexão sobre a continuidade. Não há história do poema moderno sem que esteja presente, como elemento às vezes arriscado de passagem entre poeta e poema, a parábola dessa consciência de leitura.

Pode ser, não duvido, que estejamos assistindo aos últimos momentos dessa história. O certo, no entanto, é que não será possível compreender o que se seguirá sem uma noção aproximada das transformações registradas por mais de um século de renovadas incursões aos meandros de uma linguagem — a da poesia — que se sabe em crise.

Sendo assim, a história do poema moderno nada tem a ver com a descrição sucessiva de seus apogeus e declínios: é antes uma história que só se desvela no movimento interno de passagem de um para outro poema.

A história que se internalizou, sendo mais e não menos vinculada à experiência concreta da realidade, é aquela que as formas possíveis do poema vão permitindo ler por entre as execuções tangíveis da linguagem (em crise) da poesia.

Não será muito difícil encontrar exemplos que marcam o desprezo de uma grande maioria de poetas modernos — sobretudo daqueles que abriam os caminhos novos do poema — com relação à história. Na verdade, sabendo da alta tensão corrosiva da consciência enquanto sintoma de uma leitura incessante da tradição, aqueles poetas tinham que desprezar a história: para a realização de seus textos, desbravamento de seus espaços por entre a espessa "floresta de símbolos", o esquecimento (ainda que impossível, temporário) significava o modo de converter o enigma em encantamento, para utilizar uma excelente distinção de Northrop Frye [1]. É claro que, no momento seguinte, a força, o peso mesmo, da consciência é restaurado: a qualidade histórica do poema, a sua inevitável leitura palimpsesta, instila o sabor amargo da repetição e dúvida acerca da originalidade.

Por isso, o poeta moderno é aquele que sabe o que há de instável na condição de encantamento de seu texto, sempre dependente de sua condição de enigma. Consciência e história são vinculadas pelo mesmo processo de intertextualidade: o novo enigma é a resolução transitória de numerosos enigmas anteriores. Para o poeta moderno, a consciência histórica, sendo basicamente social e de classe, é também de cultura.

Sendo assim, a historicidade do poema não é um dado que possa ser localizado apenas nas relações entre o poeta e as circunstâncias espácio-temporais: o *tempo* do poema é marcado, agora, pelo grau de seu componente intertextual.

É claro, todavia, que este componente não surge senão como uma maneira de responder à forma assumida por aquelas relações. Não se institui a intertextualidade a partir de um ato de vontade puramente pessoal ou "erudito".

1. Cf. "Charms and Riddles", em *Spiritus Mundi*. Essays on Literature, Myth, and Society, Bloomington, Indiana University Press, 1976, pp. 123-147.

Na verdade, se, por um lado, a força das circunstâncias modela a posição do poeta com relação a *seu* tempo, por outro lado, no entanto, é a própria maneira de questionar a linguagem da poesia que configura o tempo *do* poema.

Mas o que é este tempo senão o momento furtivo de convergência entre o tempo do poeta e o da linguagem da poesia?

Neste sentido, o tempo *do* poema não existe a não ser como espaço de relações: entre o poeta e a linguagem, o poema acena para a intemporalidade.

Mas o que é esta intemporalidade senão a presença, no poema, de um roteiro intertextual? De fato, ao fazer-se consumidor da linguagem da poesia, lendo ao escrever, o poeta desfaz o nó das circunstâncias apontando para as interseções da cultura. Isto, é preciso acentuar, não significa a intemporalidade *do poeta*: ao criar o espaço para a atualização da cultura, a sua leitura já está, inevitavelmente, marcada pelas circunstâncias que a propiciam.

Na verdade, a própria consciência daquelas interseções, permitindo e limitando o seu roteiro pessoal, obriga o reconhecimento de um certo tipo de relações circunstanciais (sociais, históricas) que fundam o seu aparecimento. Não há consciência da cultura ali onde não existe basicamente um questionamento crítico de suas fundações. No caso do poema, estas são necessariamente as da linguagem que o configura. Só que, e aqui se refaz aquele nó antes desfeito, entre a linguagem da poesia e a das circunstâncias (quem disse que a sociedade ou a história não possuem uma linguagem?) existe um movimento de implicação incessante, somente discernível pela leitura da complexidade de suas fundações.

Deste modo, a linguagem do poema que se erige sobre a consciência da historicidade do poeta e da poesia, refazendo o nó das circunstâncias pela leitura das interseções culturais, é marcadamente crítica. Por isso, as relações entre o poeta e a sociedade só podem, a meu ver, serem fisgadas pelo desvendamento de seus respectivos modos de vinculação aos dois tempos descritos: o das circunstâncias e o das interseções culturais.

A leitura do poema moderno termina, assim, envolvendo um modo localizado de ler o grau de componente intertextual que permite ao poeta responder ao dinamismo das relações entre aqueles dois tempos.

Num outro contexto, Gaëtan Picon soube registrar o problema escrevendo:

O movimento poético que, partindo do Simbolismo do fim do século, conduz, através de múltiplas transformações, ao movimento surrealista, é uma consciência antes de ser uma criação. Nunca tantos escritos teóricos acompanharam o movimento da criação. A poesia contemporânea é uma poesia reflexiva, crítica, uma poesia de cultura, ligada à meditação e à leitura de obras anteriores[2].

É claro que a última oração do primeiro período do texto não dá conta de toda a complexidade: consciência e criação não se vinculam obedecendo a uma ordem de precedência. Dizendo de outro modo: aquilo que está referido na última parte do texto recupera a dependência *interna* de ambos os termos. A criação poética não é posterior à consciência mas esta atua como instrumento, ao mesmo tempo, controlador e procriador de novos espaços criativos. Reflexividade e crítica são sintomas e síndromes culturais, para usar da terminologia de E.H. Gombrich[3], que apontam para uma nova concepção não só da poesia como do poema e do poeta, vinculados pelo mesmo processo intertextual de meditação e leitura.

Na verdade, a partir de um certo momento — que é bem razoável situar, como faz Picon, em meados e fins do século XIX —, não mais consciência *e* mas *na* criação, o que vem responder com mais propriedade, a meu ver, à complexidade de uma linguagem poética atenta agora para a historicidade de sua condição.

Por outro lado, aquilo que Baudelaire via como "perda da auréola" na configuração de um certo tipo de poeta, que não era senão ele mesmo, explicita as conseqüências sociais deste processo de entranhamento da consciência na criação. Embora as formas de resposta sejam as mais diferentes — indo desde, por exemplo, a dicção irônica e surda de um Laforgue até as piruetas estilísticas e criativas de um Huidobro, sobretudo o de *Altazor*, ou a retenção da imagem num Jorge Guillén ou num Wallace Stevens —, não há dúvida, que, seja qual for o poeta usado para exemplo, em todos está sempre atuante o subjacente conflito entre a linguagem da poesia, individualizante e solitária, e a condição do poeta buscando interpretar a voz social, como bem viu T.W. Adorno[4].

2. Cf. "Le style de la nouvelle poésie", em *Histoire des Littératures*, II, Encyclopédie de la Pléiade, Paris, NRF, 1957, p. 212.
3. Cf. "Symptoms and Syndromes", em *In search of Cultural History*, Oxford, Clarendon Press, pp. 32-35.
4. Cf. "Discurso sobre lírica y sociedad", em *Notas de literatura*, Barcelona, Ariel, 1962.

No entanto, aquilo que singulariza o conflito (pois não se há de esquecer a sua enorme generalidade com referência a toda a história da poesia) é que, entre o indivíduo e a sociedade, agora se interpõem os mecanismos de uma consciência crítica operando sobre os fundamentos das relações entre um e outra.

Neste sentido, Octavio Paz soube, com muita argúcia, fisgar a diferença entre o hermetismo de Góngora e o de Rimbaud: ali onde a cultura, através das alusões e da tradução histórica, funciona como empecilho à cristalina compreensão do leitor, caso de Góngora, agora é substituída pelo esfacelamento da sintaxe e pela dissipação da imagem [5]. Não mais uma poesia *de* leitura: uma leitura incrustada *na* poesia, exigindo do leitor um duplo movimento de decifração e recifração que aponta para o desaparecimento (parentético) de um referente encontrável, ainda que pelo esforço da erudição.

Nada mais perigoso, todavia, do que afirmar este processo como definidor ou caracterizador excludente da poesia moderna: corre-se o risco de uma interpretação, por assim dizer, metonímica da história, tomando-se um elemento de caracterização possível pelo conjunto dos procedimentos de que se utiliza o poeta moderno.

Este tipo de interpretação — que uso na esteira das classificações de Hayden White para os modos da leitura histórica [6] — tende a desprezar não somente aquilo que tem sido registrado pelas indagações poéticas contemporâneas, em que ressaltam as desenvolvidas por Roman Jakobson, como ainda a própria existência de reflexões de poetas, eles mesmos preocupados em apontar, seja no poema, seja no comentário marginal, para aquilo que Jakobson chamou de ambigüização da referencialidade [7].

Não obstante todo o seu estofo histórico e teológico, quem poderá afirmar, com certeza, o referente de certas passagens de Dante?

Não seria desprezar as tensões que sustentam a própria existência da linguagem da poesia, daquilo que, a partir de

---

5. Cf. "Qué nombra la poesia", em *Corriente alterna*, México Siglo Veintiuno, 1967.

6. *Metahistory*, The historical imagination in Nineteenth Century Europe, Baltimore, The John Hopkins University Press, 1973.

7. Cf. "Linguistics and Poetics", em THOMAS A. SEBEOK *Style in Language*, Cambridge, Massachusetts Institute of Technology 1960, p. 371: "The supremacy of poetic function over referentia function does not obliterate the reference but makes it ambiguous"

Roman Jakobson, costuma-se chamar de função poética da linguagem, operar-se a dicotomia que manda ver em Dante uma espécie de tradutor (que, inegavelmente, ele *também* foi) da Súmula tomasiana e em Petrarca um lírico de subjetividades?

Deste modo, não gostaria que fossse tomado como traço redutor aquilo que afirmei como conseqüência da forma de relacionamento entre poeta e sociedade.

De fato, o direcionamento assumido pela linguagem da poesia que está nas distinções entre Góngora e Rimbaud, conforme viu Octavio Paz, não liquida o problema de uma configuração possível da modernidade da poesia. O que, sem dúvida, acrescenta um elemento de grande importância para esta configuração é a idéia, que está sobretudo em Walter Benjamin, de que aqueles traços de esfacelamento da sintaxe e dissipação da imagem, anotados com referência a Rimbaud, são respostas adequadas de uma consciência de criação às voltas com as inadequações de relacionamento entre poeta e sociedade.

Sendo assim, a resposta à questão-título do texto de Octavio Paz tem que ampliar a reflexão: dizer o que nomeia a poesia moderna é, necessariamente, definir o modo dúplice de existência do poeta moderno nas suas relações com a própria linguagem da poesia e com uma sociedade que, laicizando aquela, subtraiu do poeta o elemento que lhe dava a condição de intérprete vaticinador e oráculo.

O enigma criado por Góngora — e ele é dos primeiros a sistematizar no poema a polaridade entre enigma e encantamento, conforme a expressão de Northrop Frye — é ainda traduzível no nível das experiências culturais na medida em que as alusões mitológicas, as resistências sintáticas ou mesmo a fina e mágica exploração da musicalidade não envolvem a urgência da própria dissipação do poeta através das imagens de negatividade com referência à tradição. Já o enigma criado por Rimbaud implica na volatização multiforme, quer do poeta enquanto personalidade ("Je est un autre"), quer do poema enquanto estação infernal nos reinos de uma linguagem dessacralizada pela sociedade que consumia Victor Hugo mas martirizava e condenava Charles Baudelaire.

Neste sentido, por exemplo, a distinção, numa direção semelhante, fixada por J. M. Cohen é muito pobre e não dá conta da complexidade de relações entre poeta e linguagem da poesia, embora o texto seja útil como processo geral de caracterização.

As obscuridades de Marino e Góngora, de Donne e La Ceppède, no século dezessete, podem ser resolvidas mais facilmente do que as de Mallarmé e seus sucessores, porque mesmo as suas mais complicadas imagens são extraídas da Bíblia, da ciência e descobertas de seu tempo, ou da mitologia clássica. O poeta contemporâneo, por outro lado, elabora suas metáforas a partir ou dos incidentes de sua própria experiência ou de sua leitura ocasional que certamente não serão familiares à sua audiência[8].

A pobreza do texto está, para mim, na descrição das duas linhas de procedimento como se decorrentes exclusivamente de um ato de vontade puramente individual: como já se disse, o veio de intertextualidade que percorre o poema moderno não pode ser deixado à conta da erudição do poeta. Mais ainda: somente pela percepção daquilo que é inadequação na forma de relacionamento entre sociedade e poeta é, a meu ver, possível uma descrição suficientemente problematizadora da modernidade na poesia.

Por isso mesmo, parecem-me de enorme importância os textos que Walter Benjamin escreveu sobre Baudelaire[9]. A sua caracterização de Baudelaire como "um poeta lírico na era do alto capitalismo", buscando, com fineza admirável, relacionar os motivos do escritor à existência da cidade de Paris enquanto módulo de transformações capitalistas, postula uma rigorosa maneira de apreensão dos impasses com que se tinha de haver a linguagem da poesia em suas relações com um público para quem, segundo Benjamin, a leitura da poesia lírica apresentava dificuldades[10].

Deixando para o capítulo específico sobre Baudelaire o aproveitamento de algumas das decisivas aproximações de Walter Benjamin, vale a pena, contudo, no contexto desta introdução, citar o texto em que o crítico descreve metodicamente a situação de impasse da lírica num certo momento de sua evolução.

Esta situação, o fato, em outras palavras, de que o clima para poesia lírica tornou-se grandemente inóspito, é atestado por, entre outras coisas, três fatores. Em primeiro lugar, o poeta lírico cessou de representar o poeta *per se*. Ele não é mais um "menestrel", como Lamartine ainda era; ele tornou-se um representante de um gênero. (Verlaine é um exemplo concreto desta especialização; Rimbaud deve previamente ser visto como uma figura esotérica, um poeta que manteve uma distância *ex officio* entre seu público e sua obra.) Em

---

8. *Poetry of this age: 1908-1965*, New York, Harper & Row, 1966, pp. 31-32.
9. Cf. *Charles Baudelaire: A lyric poet in the Era of High Capitalism*, London, NLB, 1973.
10. Cf. *Illuminations*, New York, Schocken Books, 1969, p. 155.

segundo lugar, não houve sucesso em escala de massa na poesia lírica desde Baudelaire. (A poesia lírica de Victor Hugo foi ainda capaz de lançar poderosas reverberações quando apareceu. Na Alemanha, o *Buch der Lieder* de Heine marca um limite.) Como resultado, um terceiro fator foi a maior frieza do público mesmo ante a poesia lírica que tinha sido transmitida como parte de sua própria herança cultural. O período em questão data aproximadamente da segunda metade do último século[11].

A noção de público domina as reflexões benjaminianas sem que, no entanto, seja estabelecido um esquema redutor.

O público de que trata Walter Benjamin com relação à poesia moderna é aquele que se introjeta na própria concepção da lírica: a transformação em gênero, marcando o grau de especialização que agora se configura, abre as portas para a alegoria, instrumento central nas reflexões de Benjamin.

Pensada como estratégia de articulação entre a linguagem da poesia e o leitor, a alegoria atua como elemento apto a recifrar aquilo que o poema incorpora como leitura da realidade pelo poeta. Criação de um espaço de linguagem cuja realidade é sempre mais e menos do que aquela experimentada pelo poeta, o poema transfere o sentido para um outro espaço — aquele que está sob a formulação traduzível da alegoria.

Mais uma vez, contudo, é preciso estar alerta para as especificações: tão velha quanto a poesia, a alegoria não pode ser tomada como instrumento absoluto de caracterização da modernidade na poesia. O que, sim, pode ser considerado como traço de definição é a freqüência de utilização do *procedimento alegórico*, isto é, aquele que aponta para a reversibilidade da linguagem da poesia, instaurando o jogo dos elementos intertextuais.

Para o poeta moderno, a alegoria deixou de ser uma tradução do oculto para ser uma possibilidade de, na linguagem do poema, insinuar a consciência de sua historicidade. Dizendo de outro modo: ao recifrar-se como alegoria, o poema moderno recupera, no espaço da linguagem da poesia, o sentido da distância entre poeta e público.

A leitura do procedimento alegórico transforma-se, deste modo, numa possibilidade de reconciliação entre a história circunstancial (do poeta, do leitor) e historicidade do poema enquanto realização marcada pelas tensões da consciência crítica. São estas, de fato, que exigem e justificam a leitura dos procedimentos alegóricos: a consciência crítica do leitor

11. *Idem*, pp. 155-156.

funciona como desdobramento correlato da duplicidade fundamental da linguagem do poema.

Por isso mesmo, convém retomar aquilo que, no início destas páginas, se afirmou: deixando de ser um simples consumidor do poema, o leitor internaliza-se, para o poeta, como latência de uma linguagem possível.

Eis, portanto, o paradoxo fundamental de caracterização da modernidade na poesia: parecendo desprezar o leitor, na medida em que não facilita o relacionamento através de uma linguagem que fosse sempre o eco de uma resposta previamente armazenada, o poeta moderno passa a depender da cumplicidade do leitor na decifração de uma linguagem que, dissipada pela consciência, já inclui tanto poeta quanto leitor.

Dissipada pela consciência: a crise da representação, com que se tem de haver o poeta (o artista) moderno, cria a suspeita para com os valores da linguagem, obrigando o artista (o poeta) a assumir a função ambígua de quem conhece, por antecipação, os desvios da referencialidade.

O desprezo aparente, portanto, não é senão a afirmação de uma dependência ainda maior. Enquanto encantamento, o poema é pensado e realizado *para* o leitor, enquanto enigma, todavia, e é o caso do poema moderno, entre leitor e poeta estabelece-se a parceria difícil de quem joga o mesmo jogo.

Neste sentido, a "hipocrisia" do possível leitor de Baudelaire, através da qual o poeta tornava-o seu "semelhante" e "irmão", não é, como uma leitura ingenuamente biográfica de *Les Fleurs du Mal* pode propor, uma recuperação catártica da personalidade dissipada; ecoando mesmo as suas raízes etimológicas, "hipocrisia" remete antes para a perspectiva basicamente ambígua de quem desconfia, criticamente, da hierarquia dos valores incorporados pelo poema. O "leitor hipócrita", portanto, convocado nesta condição pelo poeta, não está fora, mas dentro do poema: que a linguagem com que as coisas são enumeradas e descritas seja um espelho capaz de refletir, revelando os mecanismos que os símbolos ocultam, a própria trajetória do leitor do poema.

Não o reflexo do poeta sobre o leitor — na perspectiva lâmpada→espelho, em que o último é recipiente de uma linguagem que não é a sua [12] —, mas sim a criação de uma ima-

---

12. Está claro que uso a expressão no sentido do famoso e belo livro de M. H. ABRAMS, *The Mirror and the Lamp: Romantc Theory and the Critical Tradition*, New York, Oxford University Press, 1953.

gem onde o leitor reconhece a sua condição histórica ao revolver, para poder ouvir o que diz o poeta, a linguagem refletida de sua própria experiência.

Por outro lado, ao intensificar a dependência entre poema e leitor, radicalizando o modo deste estar presente nos interstícios de sua linguagem, o poeta moderno acentua a historicidade de seu texto. O objetivo não é mais convencer o leitor de sua experiência metafórica mas antes fazê-lo cúmplice na decifração do procedimento alegórico através do qual a metáfora é também crítica da experiência.

É claro que, deflagrado o processo de leitura, não é possível continuar falando em decifração: a cada instância do poema, o leitor retém a resposta àquilo que, pela própria saturação metafórica, abre o caminho para a multiplicidade das significações.

Por outro lado, no entanto, seria uma ingenuidade pensar nesta abertura como indício de uma configuração única do poema moderno. Nem a abertura à multiplicidade das significações serve como roteiro de definição, nem o poema moderno se esgota na sua caracterização como instrumento procriador de espaços significativos.

Toda a questão, a meu ver, está precisamente na possibilidade de uma reflexão que leve em conta, sobretudo, a qualidade de relacionamento que, no poema moderno, assumem ambigüidade e univocidade. Quer dizer: a pergunta essencial não é acerca da existência daqueles dois vetores substanciais da comunicação lingüística mas acerca do modo pelo qual agora eles se relacionam como elementos capazes de deflagrar as significações.

É claro que, pela leitura do que foi dito antes, não é difícil perceber que, para mim, um dos traços fundamentais deste relacionamento é a maneira pela qual, fazendo valer as tensões da própria linguagem, o poema moderno instaura a reversibilidade dos significados pela criação de um espaço de leitura intertextual.

Para usar os termos hoje clássicos de I. A. Richards, as relações entre *tenor* e *vehicle* são intensificadas não mais por maior ou menor especificidade de um ou de outro, mas pelo teor de reflexividade que permite, não obstante o possível desgaste imagético, a criação de um espaço metafórico. Digamos assim: a "metáfora viva", segundo a expressão de Paul Ricoeur [13], é necessariamente aquela que envolve, para o seu

---

13. Cf. *La Métaphore Vive*, Paris, Gallimard, 1975.

contínuo funcionamento, a suspeita crítica sobre a sua operacionalidade. Por isso, consumindo poeta e leitor num espaço de alusões e reciprocidades, o poema moderno é uma crítica da metáfora. O sujeito da linguagem não existe por seu distanciamento com relação àquilo que ele profere mas no momento em que foi possível suspender — sempre temporariamente — a distância: a intensidade subjetiva da lírica moderna reponta, sob o disfarce da ironia, no pólo da objetividade da linguagem. Criada a metáfora, irrompe a consciência de um sujeito que não somente a profere como experimenta a sua viabilidade. Por isso, é possível inverter os termos: a objetividade reponta na densidade com que o sujeito satura as relações entre *tenor* e *vehicle*. Exemplo:

> Tarde dominga tarde
> pacificada com os atos definitivos.
> Algumas folhas da amendoeira expiram
>   em degradado vermelho.
> Outras estão apenas nascendo,
> verde polido onde a luz estala.
> O tronco é o mesmo
> e todas as folhas são a mesma antiga folha
> a brotar de seu fim
> enquanto roazmente
> a vida, sem contraste, me destrói[14].

Este poema de Carlos Drummond de Andrade, intitulado "Janela", pode servir como ilustração (e todas as ilustrações, neste caso, são empobrecedoras!) do procedimento no poema moderno antes descrito.

Onde está o sujeito da linguagem? Não é de imediato apreensível. Na verdade, parecendo assumir aquele *parti pris des choses* de um Ponge, com um mapeamento distanciado e rigoroso da realidade objetiva (e visual), desde o primeiro verso, no entanto, é insinuada a tensão entre sujeito e objeto.

Ao adjetivar o substantivo (domingo, dominga), sabiamente situado entre um mesmo nome, e por aí tirando partido do mecanismo de repetição central no poema, o poeta singulariza o teor de individualidade no estranhamento gramatical.

Neste sentido, o segundo verso, funcionando como um aposto do primeiro, é uma redundância instaurada a partir do próprio símile que o constitui. Todavia, há um elemento fundamental de sustentação do verso: a sua organização so-

14. Em *Lição de Coisas*. Utilizo o texto da edição Aguilar, 1974.

nora é uma variante da aliteração de primeiro verso e, ao mesmo tempo, uma ampliação, recuperando o traço repetitivo predominante.

Mas é, sem dúvida, o contraste violento entre aquilo que, nesta senda, está expresso no primeiro verso e o adjetivo de atos ("atos *definitivos*") que concorre para o alargamento do modelo de significação que o poema, em seguida, impõe ao leitor.

A oposição entre morte e nascimento dos três versos seguintes, ampliando o contraste, encontra em "degradado vermelho" e "verde polido" aquilo que T. S. Eliot chamaria de "objective correlative" para a expressão da passagem entre os dois momentos fundamentais: a percepção da cor é uma estratégia de, simultaneamente, aproximar e distanciar o poeta daquilo que lhe serve de *tenor* na elaboração de uma metáfora de repetição. O sujeito, recoberto pelo uso de uma linguagem descritiva, sendo olho, visão, e não fala, reponta na própria objetividade da realidade circunstancial apreendida.

Por isso, os quatro versos seguintes mal suportam a inflexão objetiva: na repetição de *mesmo* e na magistral espacialização de *folha*, seguidos por um verso (o nono do poema) em que a oposição básica é intensificada por sua redução ao mínimo verbal ("a brotar de seu fim"), o poeta deixa entrever a subterrânea força individualizadora que, assim como a luz do quinto verso, estala no fim do texto. Mas estala num verso de rigorosa construção. De fato: há como que uma equação emotiva na distribuição dos elementos componentes do último verso.

Em primeiro lugar, a palavra *vida*, fazendo convergir os termos de oposição do texto, é de uma enorme generalidade que, no entanto, encontra sua singularização no próprio ritmo do verso, opondo-se, pela presença das vírgulas, à liberdade dos anteriores.

Em segundo lugar, o aparecimento do sujeito ("*me* destrói"), depois da expressão que condensa todo o movimento de significações do poema ("sem contraste"), ocorre num momento em que o leitor absorve, para a sua consciência, todo o substrato objetivo do texto. É, enfim, a linguagem da objetividade que possibilita a maior densidade subjetiva.

O leitor, obrigado pela estrutura do poema a percorrer os caminhos ocultos das imagens, não se conserva à margem do texto: a sua inclusão é parte do exercício da linguagem empreendido pelo poeta. É claro que o texto é também uma expressão do poeta mas, entre o que o poema diz e a sua construção é mantida a necessidade permanente de uma recifração por parte do leitor que termina por elidir a subjetividade. Ou: aquilo que o leitor absorve do texto está, necessariamente, vinculado ao grau de sua decifração em progresso por onde os elementos subjetivos são transformados na objetividade da leittura.

O poeta, ao ler a realidade através do poema, constrói um espaço em que a linguagem não oferece transparência imediata: a sua univocidade está limitada pelo jogo possível das imagens utilizadas.

Por isso, não basta saber o que o poeta quer dizer com tal ou qual imagem; as significações do poema talvez residam precisamente no obscurecimento das relações entre imagens e referentes circunstanciais.

No caso do poema utilizado para exemplo, é patente o esforço no sentido de registrar um espaço exterior através do qual seja possível criar as condições para uma expressão emotiva: mesmo assim, no entanto, ao apreender a circunstância do poeta, o leitor é obrigado a reconhecer as tensões do trajeto metafórico que permitiu a sua concretização. Estas tensões, no caso específico do poema de Drummond, são liberadas pelo tratamento da metáfora natural (árvore, tronco, folhas) em relação ao dado cultural (sentido do nascimento e da morte), tecendo a rede de percepção para o sentimento de destruição que está fixado no último verso.

Não há, de fato, muita novidade nesta tessitura: tomadas em si mesmas (e isto haveria de requerer uma abstração para fora do texto), as relações metafóricas são ecos de uma tradição poética que manda ver na expressão da continuidade dos mecanismos vitais um projeto de entropia. O que faz vibrar as cordas do texto, entretanto, é, pela construção dos seus elementos imagéticos, a qualidade de relacionamento entre *tenor* e *vehicle*, isto é, o modo pelo qual é ainda possível dar validade ao entrelaçamento das metáforas naturais e da experiência cultural. Por isso mesmo, as pulsações subjetivas que sustentam a aparente objetividade descritiva (adjetivação do nome, escolha das cores), indicando o trabalho de recuperação de uma larga metáfora cultural, propõem a tarefa do poeta como vinculada ao esforço de "dar um sentido mais puro às palavras da tribo".

Numa palavra, a expressão da subjetividade é retida (e, por aí, intensificada) pela experiência de cultura que implica na consciência reflexiva da linguagem.

Entre poeta e realidade circunstancial interpõe-se a própria estrutura da linguagem da poesia: suas possibilidades inovadoras, seus limites de repetição.

O tratamento da metáfora pode ser, assim, um recurso privilegiado para que se tenha instrumentos de caracterização da modernidade na poesia.

Na verdade, sendo basicamente um modo de estabelecer a vinculação entre linguagem e realidade, a metáfora possibilita a apreensão da qualidade do relacionamento analógico fundamental que caracteriza o poema moderno.

É claro que em seus limites — como é o caso da experiência inovadora do Surrealismo — a analogia é praticada pela dissolução dos vínculos realistas, criando-se um processo intervalar de referencialidade por onde a linguagem vai desdobrando uma múltipla possibilidade de "incoerentes" leituras da realidade. Neste caso, todavia, a coerência ressurge na própria composição diagramática do texto que busca absorver a multiplicidade possível de repostas aos incitamentos da realidade.

Talvez o Surrealismo fosse possível sem Freud: certamente não o seria sem a consciência moderna dos limites da fabulação metafórica.

É esta consciência que impulsiona a ruptura do procedimento analógico (em que se funda toda a tradição poética ocidental), abrindo o espaço para as experiências de iconização que, de certa forma, ampliam o roteiro das correspondências baudelaireanas.

Daí a recuperação do procedimento alegórico no poema moderno.

O poema metalingüístico — aquele que faz da linguagem *do poema* a linguagem *da poesia* — interioriza a alegoria ao problematizar os fundamentos analógicos da linguagem.

Não deve haver equívoco a este respeito, entretanto: a existência do poema metalingüístico não significa, necessariamente, o desaparecimento dos dados da realidade que informam a presença do poeta no mundo; o que, de fato, ocorre é que o poema metalingüístico vem apontar para a precariedade das respostas unívocas oferecidas aos tipos de **relação** entre poeta e realidade. A esta univocidade agora se substitui a construção de um texto por onde seja possível apreender, como elemento básico de seu processo de significação, a própria precariedade referida.

O poema moderno institui-se no horizonte da insignificação justamente porque busca o significado mais radical de sua viabilidade com relação aos modos de nomear as circunstâncias do poetta. O que há de mais radical do que pôr em xeque aquilo que funda a própria existência da linguagem da poesia, isto é, o mecanismo analógico de vinculação entre palavra e realidade?

Pôr em xeque: o poema moderno, ao fazer-se crítico da metáfora, assenta as bases para que os dados da realidade — aqueles que modelam a existência do poeta no mundo, circunstâncias da história mas também a historicidade das circunstâncias, suas formas — sofram o mesmo processo de suspeita e crítica.

A entrada desses dados no poema moderno se faz mais estreita para que, uma vez interiorizada a consciência, seja possível vislumbrar-se uma saída mais fértil de respostas.

A crítica da metáfora — resultado da metáfora crítica, que é o poema moderno — desfaz os limites entre criação e crítica.

O envolvimento das relações entre poeta e leitor pela existência da convenção das formas poéticas — elemento capital para a compreensão daquilo que J. Tynianov viu, melhor do que T. S. Eliot, como substituição de sistemas [15] — é, deste modo, uma senda fértil para que se possa avaliar o grau de poeticidade do texto.

Neste sentido, as questões concernentes à tradição com que se tem de haver o poeta moderno, modelando o alcance de seus recuos ou audácias, são repensadas no nível da elaboração do poema e não apenas como vínculo de relação entre o poema e "o talento individual".

Para o poeta moderno, a tradição não é somente aquilo que é preciso desprezar ou ultrapassar: a existência de uma "tradição do novo", nas palavras de Harold Rosenberg [16] encontra a sua contrapartida naquilo que, invertendo os termos, poder-se-ia chamar de novo na tradição, isto é, a permanente recuperação da linguagem da poesia enquanto capaz de instaurar um discurso intertextual.

Muito mais do que uma tarefa arqueológica, a busca pela tradição, marcada pelo direcionamento crítico da metáfora moderna, aponta para o esfacelamento de uma perspectiva ortodoxamente diacrônica, abrindo (paradoxalmente) o

---

15. Cf. "De l'évolution littéraire", em TZVETAN TODOROV, *Théorie de la littérature*, Paris, Seuil, 1965, pp. 120-137.
16. Cf. *The tradition of the new*, New York, Horizon Press, 1959 [trad. bras.: *A Tradição do Novo*, São Paulo, Editora Perspectiva, 1974].

caminho para uma sincronização poética que vai encontrar o seu melhor correlato no exercício da tradução. Tradição: tradução. Ou: para o poeta moderno, a tradição que interessa é aquela que, traduzida, implica no desbravamento de novas possibilidades de utilização da linguagem da poesia.

Entre o ato de traduzir e a leitura da tradição, estabelece-se, desta maneira, uma relação substancial de dependência: traduzir já não significa somente recuperar os veios de uma língua diversa mas, sobretudo, criar o espaço para uma leitura convergente dos tempos da linguagem. Tadução da linguagem e não da língua: a modernidade do poema encontra no movimento tradição/tardução mais um elemento de caracterização para a forma de relacionamento entre poeta e história.

O poeta moderno *traduz* na medida em que o seu texto persegue uma convergência de textos possíveis: a tradução é a via de acesso mais interior ao próprio miolo da tradição. Pela tradução, a tradição do novo perde o seu tom repetitivo: re-novar significa, então, ler o novo no velho.

Se faltassem outros argumentos para uma afirmação das relações entre poeta moderno e história, bastaria a existência do tradutor no poeta moderno para falar do grau de sua historicidade.

Eis, portanto, outro aspecto crucial da tensão da modernidade do poema: a recusa da história, que já se viu como tendência generalizada, esfacela-se ante a urgência de uma leitura das formas poéticas que a tradução possibilita.

Por isso mesmo, a ocorrência da tradução não se desvincula da predominância intertextual: traduzir, para a modernidade do poema, significa assumir a leitura como instrumento de deflagração do poema.

O texto moderno — diga-se *The Waste Land* — tanto se oferece à leitura quanto, para a sua elaboração, é, desde o início, uma leitura: erudita, mítica, religiosa, não importa; a linguagem de Eliot absorve quer Frazer ou Weston, quer o coloquial irônico de alguns simbolistas franceses.

O que interessa é que, por essa leitura diversificada, entre a projeção da personalidade do sujeito (T. S. Eliot) e o significado mais amplo de época, o poema configura um espaço em que a criação e a crítica estão vinculadas pela metáfora intertextual.

Virando o feitiço contra o feiticeiro: as relações entre a tradição e o talento individual são anuladas na medida em que a tradição discernível no texto é, ela mesma, uma tradução, vale dizer, um ato crítico.

O presente do poema, instalado pela leitura, é mais histórico do que as suas bases eruditas desde que a sua existência implica na interdependência entre tradição e tradução.

Sendo assim, a historicidade do poema moderno revela-se, por entre aparentes paradoxos, no princípio da composição: são os procedimentos que trazem a marca da história.

Em seus casos mais extremados e dramáticos, é pela paródia, pela montagem, pela citação alusiva, pelo *pastiche*, que a tradução encontra o seu caminho interior no poema moderno.

A obra de Ezra Pound já demonstrou que o Canto do poeta moderno não é a eliminação, num presente situado, dos tempos da linguagem.

O aqui e agora do poema é sempre um ali, ontem, amanhã: uma única linguagem que permite a leitura sucessiva da multiplicidade das linguagens no espaço e no tempo.

Desde o Baudelaire tradutor de Edgar Poe, pelo menos, que a poesia moderna aponta para a confluência, no poeta, do criador e do crítico.

Não é sem razão, portanto, que Baudelaire, no texto mais longo em que tratou do caráter da modernidade, visse no artista plástico Constantin Guys um tradutor, pelo desenho, da diversidade da vida moderna.

O poeta-crítico encontrava no inquieto desenho de C. G. o traço profundo daquilo a que chamou de *modernité*: a fixação do presente histórico não é compreensível senão em relação à intemporalidade da arte. Mas, depressa: esta nada significa se não está marcada por seu modo específico de conquistar aquele.

Para Baudelaire, ser moderno significava, sobretudo, dar ao presente histórico a ilusão da intemporalidade. Exemplo:

Le beau est fait d'un élément éternel, invariable, dont la quantité est excessivement difficile à déterminer, et d'un élément relatif circonstanciel, qui sera, si l'on veut, tour à tour ou tout ensemble l'époque, la mode, la morale, la passion. Sans ce second élément, qu est comme l'enveloppe amusante, titillante, apéritive, du divin gâteau le premier élément serait indigestible, inappréciable, non adapté et non approprié à la nature humaine[17].

17. Cf. "Le peintre de la vie moderne", em *Oeuvres Complètes*, Paris, Ed. Claude Pichois, II, Gallimard "Bibliothèque de la Pléiade, 1976, p. 685.

Ou, mais incisivo:

La modernité, c'est le transitoire, le fugitif, le contingent, la moitié de l'art, dont l'autre moitié est l'immuable[18].

Modernidade: ilusão da intemporalidade. Sem aquele segundo elemento descrito pelo poeta não haveria, na arte, o estofo de tensão fundamental: a possibilidade de aspirar-se pelo primeiro elemento, embora se saiba, desde sempre, que este é "non adapté et non approprié à la nature humaine".

É, portanto, uma ilusão cultivada com todo o rigor da consciência: a busca do intemporal afunda o artista moderno no "transitório", no "fugitivo", e no "contingente" porque este — mais do que os artistas anteriores — assume a consciência nostálgica da eternidade.

Neste sentido, a busca pelo poema é sempre um salto na direção daquilo que está para além de uma forma particular; Mallarmé sabia disso: existem poemas porque não existe o poema. Fragmentos de um texto que a tradição esqueceu e que a tradução procura recuperar. Como o artista moderno, o poeta e tradutor moderno é um iludido. Ele, no entanto, persegue esta ilusão pois sabe que as inadequações entre a sua condição e a da sociedade negam-lhe o direito do vaticínio e da intemporalidade.

A refutação radical da história encontra assim a sua contrapartida na qualidade não menos radical da historicidade daquilo que se refuta: é somente no tempo, parodiando o Eliot dos *Four Quartets*, que o tempo é anulado.

Retifiquemos, pois, dúvidas anteriores: o poeta moderno não é menos infenso à multiplicidade temporal do que os anteriores — ele é mais consciente de sua diversificação.

Da mesma forma, ou por isso mesmo, ele se imagina um intérprete do Homem, e não dos homens, pelo cultivo de uma outra ilusão: a da ubiqüidade. Ser de todas as épocas — e somente o sentido mais radical da tradução permite esta crença — é também ser de todos os lugares.

É claro que o cosmopolitismo não é uma invenção recente; para não falar em épocas mais remotas, basta recordar o século XVIII: a "literatura de viagem" encontrou a sua hipérbole na ficção da "literatura mundial" de Goethe.

Mas também é claro que há um abismo entre o sentido da viagem cosmopolita do homem do século XVIII, ou de seus herdeiros exóticos dos inícios do XIX, e aquela outra,

---

18. *Idem*, p. 695.

atormentada, vertiginosa, empreendida por Baudelaire, "ou plus profond du gouffre". A radicalização do espaço, tanto quanto a do tempo, implica a sua negatividade: é pela redução dos espaços múltiplos a um feixe obsessivo da personalidade individual que o poeta moderno termina achando o caminho para a experiência daquilo a que Octavio Paz gosta de chamar de *otredad* [19].

A viagem, para o poeta moderno, não significa apenas conquista cumulativa de novos espaços mas, sobretudo, a criação de um espaço em que seja possível reduzir a multiplicidade individual da linguagem da poesia aos parâmetros homogêneos da linguagem do poema.

Viagem: linguagem. Ou, para utilizar a expressão certeira de um poeta contemporâneo: via linguagem [20]. (Não será possível pensar no poema de Mallarmé como uma radicalização do tema da viagem baudelairiano?)

Assim como a historicidade do poema moderno encontra na ilusão da intemporalidade um correlato preciso para o paradoxo essencial da modernidade, assim é na ilusão da ubiqüidade que a busca pelo poema se converte na ambição maior da destruição de todos os poemas pela instauração do poema único — convergência de todos os tempos e espaços.

Até mesmo a prática do fragmento como roteiro para uma poética, como está, por exemplo, em Ungaretti, não faz senão acentuar este pendor do poema moderno: o fragmento é pensado como fragmento no horizonte de um único poema — aquele que é possível ler, somente é possível ler, pela procura incessante de uma linguagem perdida.

A ilusão da ubiqüidade encontra a sua justificação na hipertrofia do espaço poético: aquele em que todas as linguagens não são senão uma só: o poema.

Para a leitura do poema moderno, é fundamental esta perspectiva: o espaço do poema enfeixa os espaços do poeta pela operação da intertextualidade. Da mesma forma que os seus tempos particulares são consumidos pelo tempo da linguagem da poesia, através de uma leitura intertextual que se introjeta na composição, assim os espaços circunstanciais são dependentes da construção intensificadora do espaço da linguagem do poema.

Somente assim, a meu ver, é possível pensar de modo coerente noutro traço fundamental da modernidade do poe-

19. Penso, sobretudo, no que está em "Los Signos en Rotación".
20. A expressão é o título de um poema-objeto de Augusto de Campos.

ma: a universalidade. De fato, é o princípio da intertextualidade que permite a ilusão da ubiqüidade.

Todos os espaços são um só espaço porque a linguagem do poema, articulando tempos diversos da linguagem da poesia, adia o presente e a ele substitui a presença simultânea das épocas. Algo na direção daquela poética histórica defendida por Roman Jakobson: uma série de sucessivas descrições sincrônicas em que as noções de dinamismo e estaticidade vinculadas à diacronia e à sincronia, respectivamente, perdem o sentido[21].

A conversa entre textos de poetas diferentes, ou mesmo entre textos de um mesmo poeta, acentua a urgência da busca pela linguagem capaz de articular espaços diversos. Todavia, é preciso assinalar muito claramente, é somente pela construção de um outro espaço específico — aquele de um só e único poema — que a variabilidade das circunstâncias ou das individualidades encontra a sua organização.

Quando se diz, portanto, que o presente é adiado e substituído pela presença das épocas não significa a negação da circunstância do poema e do poeta: significa, isto sim, a sua ampliação intensificadora pela convergência das linguagens. Mesmo porque, como já assinalou Jakobson, no texto antes mencionado, alguns autores são e outros não são contemporâneos não só do poeta mas de sua linguagem.

> Assim, por exemplo, Shakespeare, de um lado, e Donne, Marvell, Keats e Emily Dickinson, de outro, são consumidos pelo atual mundo poético inglês, enquanto as obras de James Thomson e Longfellow não pertencem, no momento, aos valores artísticos viáveis[22].

Ser contemporâneo da linguagem e não do poeta: as particularidades de tempo e espaço são integradas — e não negadas — pela especificidade do espaço do poema. Neste sentido, as releituras são fundamentais: a recuperação das linguagens do passado, a sua atualização a partir de um interesse contemporâneo (Góngora, os "poetas metafísicos", Sousândrade), pode, e deve sempre, significar mais do que um simples interesse erudito, desde que importam tanto para a caracterização do universo recuperado quanto daquele que recupera.

Sendo, mais largamente, um problema central das recentes pesquisas da chamada "estética da recepção"[23], a ques-

---

21. *Ob. cit.*, p. 350.
22. *Idem*, p. 352.
23. Penso, sobretudo, na obra de Hans Robert Jauss.

tão é também básica para uma reflexão acerca da modernidade do poema uma vez que se vincula ao traço fundamental da universalidade. É, digamos assim, o seu aspecto temporal; o outro, aquele que me interessa sobretudo, neste contexto, é o que se refere ao espaço.

Sem esquecer o que há de ilusório naquela "conquista da ubiqüidade", a que já se referia Paul Valéry em texto de 1928 [24], desde que a linguagem do poema é sempre a conquista de um espaço único pelo desafio aos espaços da linguagem — do poeta e das circunstâncias históricas —, a modernidade do poema espelha (talvez fosse melhor resolve) esta ilusão.

Será isto apenas decorrente de nossa maior proximidade? A resposta afirmativa parece-me ingênua. A resposta mais crítica, e por isso mais radical, parece ser aquela que procure estabelecer, para uma apreensão da modernidade, um quadro de reflexão em que seja possível vincular história e poema. Não simplesmente o texto na história, ou o seu reverso, mas o modo através do qual o poema tem a sua existência marcada pela consciência de que as linguagens da história — aquelas que forjam a circunstancialidade do poeta — são os limites para os quais aponta sempre a organização da linguagem do poema.

Por outro lado, não é afirmando somente a vinculação referida que o poema moderno encontra a sua definição: intemporalidade e ubiqüidade são os traços de tensão fundamental, sem os quais não seria possível compreender como o texto deixa ler a sua historicidade básica. Dizendo de outro modo, a modernidade do poema não é definível a não ser com relação à maneira pela qual, no espaço do texto, estão, por assim dizer, resolvidos temporariamente (desde que fundados negativamente) os espaços circunstanciais.

Quando digo negativamente, quero dizer: a linguagem do poema, sendo aquela em que é restabelecido o desequilíbrio fundamental da arbitrariedade entre os nomes e as coisas [25], encontra a sua realização no momento em que, afirmando os

24. *Oeuvres, II*, Paris, NRF, Bibliothèque de la Pléiade, 1960, pp. 1284-1287.

25. Para o caso lingüístico, ver as observações fundamentais de FERDINAND DE SAUSSURE em "Nature du signe linguistique", capítulo do *Cours de Linguistique Générale* e também as finas e penetrantes análises de ÉMILE BENVENISTE, em *Problèmes de Linguistique Générale* Paris Gallimard, 1966, pp. 49-55.

valores da linguagem, retira da nomeação das circunstâncias a certeza da univocidade. Para dizer com Octavio Paz:

> El poeta no es el que nombra las cosas, sino el que disuelve sus nombres, el que descubre que las cosas no tienen nombre y que los nombres con que las llamamos no son suyos. La crítica del paraíso se llama lenguaje: abolición de los nombres propios; la crítica del lenguaje se llama poesía: los nombres se adelgazan hasta la transparencia, la evaporación. En el primer caso, el mundo se vuelve lenguaje; en el segundo, el lenguaje se convierte en mundo. Gracias al poeta el mundo se queda sin nombres[26].

Neste sentido, e o texto transcrito deixa ver bem o problema desde que não é apenas de um sensível ensaísta mas de grande poeta moderno, as relações entre texto e história, vale dizer, entre linguagem do poema e linguagem da história, não são apreensíveis sem que seja afirmado, como princípio fundamental, o modo pelo qual a linguagem da história, desdobrando-se mesmo em história da linguagem (do poema, da circunstância), implica na recusa das saturações unívocas através das quais a nomeação da realidade é, de certa forma, pacificada.

O poeta moderno sabe que a pacificação é impossível: a sua realidade — e a da linguagem — está sempre ameaçada pelo deslizamento constante da referencialidade desde que o referente do poema não é jamais um dado tranqüilo.

É este deslizamento que impede também a afirmação *tout court* do caráter essencial do poema enquanto linguagem: não aquela que se satisfaz com a nomeação unívoca da circunstância nem aquela que se refugia nos páramos distantes das percepções individuais. Sabe-se: o poema oscila entre a comunicação da linguagem e a autonomia da arte e, por isso, a sua forma de designação inclui, substancialmente, a tensão entre os dois pólos.

Por outro lado, é precisamente esta tensão, esta oscilação permanente, que confere ao poema o seu grau de historicidade: entre a linguagem da comunicação, partilhada por todos os homens, e a autonomia conquistada por sua organização específica, o poema altera o percurso das significações. É esta alteração que instala o poema na história: o que se transmite não é mais produto de uma escolha individual mas envolve as variações que, de ordem semântica, marcam a presença da coletividade no texto.

26. *El mono gramático*, Barcelona, Seix Barral, 1974, p. 96.

Desta maneira, a ilusão da ubiqüidade encontra o seu contrário na busca de uma linguagem que, sendo deste ou daquele poema, deixe ver o grau de universalidade da linguagem, isto é, a intensidade de uma particularização que registra as circunstâncias do poeta no espaço do texto.

Isto que se pode afirmar como fundamento de toda a atividade poética é, por assim dizer, hipertrofiado no poema moderno: não existe o poema moderno ali onde não está presente, como modo básico de elaboração, o intuito de tradução universalizante. Quer dizer: o poeta moderno, por força do movimento básico tradição/tradução, sabe que a sua linguagem não é senão um instante individual dos tempos da linguagem. Por isso mesmo, o seu espaço está infiltrado pela permanente passagem de outras linguagens. Assim como o seu tempo, sempre a particularização momentânea dos tempos, assim o seu espaço, aquele que o poema constrói a partir das relações entre circunstâncias e linguagens, é a incessante transformação do particular no universal.

Na verdade, a linguagem do poema moderno — a sua modernidade — traz a marca da universalidade porque as ilusões da intemporalidade e da ubiqüidade permitem o desvio da poesia ao poema: o objeto que se constitui como poema somente é apreensível como crítica da poesia, isto é, como auscultação das viabilidades de passagem entre poesia e poeta.

Deste modo, pode-se dizer que o traço de universalidade do poema moderno, à diferença daquele de outros momentos históricos, vincula-se à própria existência do poema, enquanto linguagem. Linguagem possível: a crítica da poesia, fundada nos mecanismos de saturação intertextual, permite ao poema moderno a exploração dos limites de designação da realidade.

Quando se afirma, pois, a universalidade como característica do poema moderno não se está caindo no óbvio (desde que o perigo existe: todas as épocas assinalam a universalidade como meta possível): é a própria substância do poema moderno, vale dizer, a discussão interna de sua viabilidade, que impede o isolamento e arrisca o confronto não menos radical com a universalidade. A afirmação desta, portanto, é dependente de uma leiutra crítica empenhada em articular os elementos de composição do poema.

Não é uma proposição demagógica: a necessidade de uma utilização do conceito é determinada pela forma de existência do poema moderno.

O que quero dizer é: quando se propõe uma leitura em que o arco espacial inclua tanto Baudelaire quanto Eliot, tanto Mallarmé quanto Octavio Paz ou Carlos Drummond de Andrade, não se está trabalhando no nível das acomodações de uma consciência dilacerada pela diversidade de tempo e espaço. É claro, por outro lado, que esta consciência existe: não fosse assim, a leitura de um latino-americano, como é o caso, seria igual à de um europeu ou de um norte-americano. A sua leitura é diferente na medida em que é de sua situação que o crítico busca articular as relações entre poema e história, embora estas sejam detectáveis num trajeto universal.

Na verdade, transformado pela existência daquela consciência, o crítico atenta para o seu tempo e espaço: a leitura dos tempos e espaços da linguagem da poesia é feita de acordo com um roteiro de dependência entre poema e história.

É a história do crítico que é diversa, não o modo de refletir sobre ela, proposto quer pelos poetas escolhidos para leitura, quer pelos textos críticos preocupados em rastrear aquela dependência.

A marca da universalidade, deste modo, implica num desafio no nível também da reflexão desde que, instalada no próprio cerne de elaboração do texto, recusa os piedosos, mas perigosos e redutores, esquemas de classificação entre poemas mais ou menos importantes conforme privilégios nacionalistas.

Entendida assim a universalidade, compreende-se que a leitura do poema moderno tenha que operar num processo de intensa reversibilidade dos valores espaciais e temporais. De *Les Fleurs du Mal* a *Piedra de Sol*, ou a *Blanco*; de um soneto de Mallarmé a *The Waste Land*; do *Cimetière Marin* a *A Flor e a Náusea*: nada mais homólogo do que o corte entre essa vertiginosa viagem e a própria modernidade do poema.

Desde o início deste texto que o termo viagem aparecia como uma espécie de acionador privilegiado da meditação. Acaso, coincidência? Desconfio que não: por sob as artimanhas da linguagem crítica também se esconde uma razão menos superficial e translúcida — que é aquela da própria poesia.

Designação emblemática, figura do movimento, talvez a viagem seja a tradução de um discurso situado no tempo e no espaço que procura a sua libertação pela linguagem. Viajemos.

2. BAUDELAIRE, OU A LINGUAGEM INAUGURAL. A HISTÓRIA LITERÁRIA COMO TRADUÇÃO POÉTICA

1.

A minha proposta é a seguinte: ler um poema de Baudelaire a partir do qual seja possível recuperar, para a reflexão acerca da Modernidade, os traços mais importantes do projeto baudelairiano. Neste sentido, o que está em jogo é, sobretudo, a articulação entre um texto poético e tudo aquilo que, talvez à falta de melhor nome, pode-se chamar de projeto do poeta. É claro que já seria o bastante: articular poema e projeto, sobretudo no caso de um poeta com as dimensões de Baudelaire, significa, na verdade, rastrear alguns dos problemas fundamentais para uma definição da Modernidade do poema. Sendo assim, a proposta incial é, de certa forma, uma maneira de possibilitar a apreensão de tudo o que, num determinado poema, aponta para a busca de resolução individual daqueles problemas mencionados.

Por outro lado, a afirmação da viabilidade de uma leitura assim configurada implica na concepção do poema como instante privilegiado do percurso da linguagem. A linguagem do poema deve ser, deste modo, apreendida enquanto instância de um discurso da poesia que, fixado no texto em pauta, deixa ver os acidentes de sua trajetória. As marcas da História.

Não está, portanto, no horizonte deste ensaio, a ambição de uma descrição detalhada dos procedimentos de Baudelaire: a leitura será parcial na medida mesma em que se propõe um corte no poema a fim de que melhor sejam registrados os delineamentos do projeto. Não deixa de ser verdade, por outro lado, que, mesmo parcial, a leitura assim pensada ambiciona transcender os limites textuais: a decifração do poema termina trabalhando no sentido de buscar a recifração no nível das relações entre poeta e história. A história literária como tradução incrustada nas articulações do poema. Dependência de linguagens: aquelas que o poeta encontrava no momento da elaboração de seu texto e por onde criava o espaço para a instauração de sua linguagem. Um ato inaugural.

Seria inútil procurar na fixação de características românticas e pós-românticas uma definição do projeto de Baudalaire. A dependência para com a linguagem do Romantismo e a abertura para aquilo que será a sua posteridade pós-romântica são dois movimentos de uma mesma linguagem: o eixo em torno do qual é possível ler o sentido mais amplo de sua obra. Eis o texto:

LE CYGNE

A Victor Hugo

I

Andromaque, je pense à vous! Ce petit fleuve,
Pauvre et triste miroir où jadis resplendit
L'immense majesté de vos douleurs de veuve,
4 Ce Simoïs menteur qui par vos pleurs grandit,

A fécondé soudain ma mémoire fertile,
Comme je traversais le nouveau Carrousel.
Le vieux Paris n'est plus (la forme d'une ville
8 Change plus vite, hélas! que le coeur d'un mortel);

Je ne vois qu'en esprit tout ce camp de baraques,
Ces tas de chapiteaux ébauchés et de futs,
Les herbes, les gros blocs verdis par l'eau des flaques,
12 Et, brillant aux carreaux, le bric-à-brac confus.

Là s'étalait jadis une ménagerie;
Là je vis, un matin, à l'heure où sous les cieux
Froids et clairs le Travail s'éveille, où la voirie
16   Pousse un sombre ouragan dans l'air silencieux,

Un cygne qui s'était évadé de sa cage,
Et, de ses pieds palmés frottant le pavé sec,
Sur le sol raboteux traînait son blanc plumage.
20   Près d'un ruisseau sans eau la bête ouvrant le bec

Baignait nerveusement ses ailes dans la poudre,
Et disait, le coeur plein de son beau lac natal:
"Eau, quand donc pleuvras-tu? quand tonneras-tu, foudre?"
24   Je vois ce malheureux, mythe étrange et fatal,

Vers le ciel quelquefois, comme l'homme d'Ovide,
Vers le ciel ironique et cruellement bleu,
Sur son cou convulsif tendant sa tête avide,
28   Comme s'il adressait des reproches à Dieu!

II

Paris changel mais rien dans ma mélancolie
N'a bougé! palais neufs, échafaudages, blocs,
Vieux faubourgs, tout pour moi devient allégorie,
32   Et mes chers souvenirs sont plus lourds que des rocs.

Aussi devant ce Louvre une image m'opprime:
Je pense à mon grand cygne, avec ses gestes fous,
Comme les exilés, ridicule et sublime.
36   Et rongé d'un désir san trêvel et puis à vous,

Andromaque, des bras d'un grand époux tombée,
Vil bétail, sous la main du superbe Pyrrhus,
Auprès d'un tombeau vide en extase courbée;
40   Veuve d'Hector, hélas! et femme d'Hélénus!

Je pense à la négresse, amaigrie et phthisique,
Piétinant dans la boue, et cherchant, l'oeil hagard,
Les cocotiers absents de la superbe Afrique
44   Derrière la muraille immense du brouillard

A quiconque a perdu ce qui ne se retrouve
Jamais, jamais! à ceux qui s'abreuvent de pleurs
Et tettent la Douleur comme une bonne louve!
48   Aux maigres orphelins séchant comme des fleurs!

Ainsi dans la forêt où mon esprit s'exile
Un vieux Souvenir sonne à plein souffle du cor!
Je pense aux matelots oubliés dans une ıle,
52   Aux captifs, aux vaincus!... à bien d'autres encor![1]

1. Cf. CHARLES BAUDELAIRE, *Oeuvres Complètes I*. Texte établi, présenté et annoté par Claude Pichois. Paris, Gallimard (Bibliothèque de la Pléiade), 1975, pp. 85-87.

2.

Publicado em *La Causerie*, em 1860, o poema foi incluído na segunda edição de *Les Fleurs du Mal*, de 1861, constituindo o quarto texto da segunda parte da obra, então criada pelo poeta sob o título de "Tableaux Parisiens". Situado entre "À une Mendiante Rousse" e "Les Sept Vieillards", o poema tem sido, de um modo geral, tratado como uma convergência de dois movimentos fundamentais em Baudelaire: "o poder de evocação que as ruas de Paris acionam em Baudelaire", para repetir as palavras da paráfrase de Albert Feuillerat [2], e a utilização da alegoria como mediação entre a poesia e a existência do poeta prisioneiro das contingências, conforme a leitura de Mme. E. Noulet [3]. Sem desprezar nenhuma das duas alternativas, que evidentemente compareçam no texto, algumas leituras mais recentes têm insistido na própria organização do poema como modo de ler a complexidade da linguagem baudelairiana. Seleciono três exemplos: "Baudelaire and Virgil: A reading of 'Le Cygne'", de Lowry Nelson Jr. [4], "The Originality of Baudelaire's 'Le Cygne': Genesis as Structure and Theme", de F. W. Leakey [5], e "'Le Cygne' de Baudelaire: Douleur, Souvenir, Travail", de Victor Brombert [6].

O ensaio de Lowry Nelson Jr. assume como argumento central aquilo que, na crítica baudelairiana, tem servido como instrumento de decifração do poema: a referência a Virgílio e ao episódio de Andrômaca do Canto III da *Enéida*. "A evocação de Baudelaire de um episódio da *Enéida* em seu poema 'Le Cygne' é um excelente exemplo do que

---

2. Cf. "L'Architecture des *Fleurs du Mal*", em *Studies by members of the French Department of Yale University*. Ed. by Albert Feuillerat, Decennial volume, New Haven, Yale University Press, 1941, p. 304.

3. Em STÉPHANE MALLARMÉ, *Oeuvres Complètes*. Texte établi et annoté par Henri Mondor et G. Jean-Aubry. Paris, Gallimard (Bibliothèque de la Pléiade), 1956, p. 1486.

4. Cf. "Baudelaire and Virgil: A reading of 'Le Cygne'", em *Comparative Literature*. Vol. XIII. Fall 1961. N. 4. Oregon: University of Oregon.

5. Cf. "The Originality of Baudelaire's 'Le Cygne': Genesis as Structure and Theme", em *Order and Adventure in Post-Romantic French Poetry*. Essays presented to C. A. Hackett. Ed. by E. M. Beaumont. I. M. Cocking and J. Cruickshank. Londres, Basil Blackwell, 1973.

6. Cf. "'Le Cygne' de Baudelaire: Douleur, Souvenir, Travail", em *Études Baudelairiennes III*. Hommage à W. T. Brandy. (Publié par James S. Patty et Claude Pichois). Neuchâtel, À la Bacconière, 1973.

podemos chamar com especial ênfase alusão *literária*". A partir daí, entretanto, o ensaio de Lowry Nelson Jr. abre perspectivas bem mais amplas, para a leitura do texto baudelairiano, do que aquela primeira frase poderia deixar suspeitar: observando que o poeta "não somente utiliza palavras e frases da *Enéida* mais incorpora toda a ressonância do episódio ao qual ele alude em seu próprio poema"[8], a leitura que realiza do trecho do poema virgiliano consumido pelo poema de Baudelaire é bastante arguta para tornar evidente aquele modo de incorporação. Assim, por exemplo, a idéia fundamental de que aquela cidade construída por Heleno, e por ele apresentada a Enéias, era "uma pequena réplica de Tróia ('parvam Troiam')". Diz o autor:

É "simulata", feita para parecer a grande Tróia, com seu próprio Xanto, um patético riacho seco:
procedo et parvam Troiam simulataque magnis
Pergama et arentem Xanthi cognomine rivum
agnosco...[9]

Da mesma forma, é essencial, para o argumento logo em seguida desenvolvido pelo autor em sua leitura do poema, a caracterização do par Andrômaca/Heleno como existindo no nível das recordações: da Tróia original a "uma Tróia da mente", conforme Lowry Nelson Jr.[10]. O que está implícito neste processo, para o autor, é, sobretudo, o sentido da perda, de um futuro além do controle de Andrômaca e Heleno, ou mesmo Enéias. "Há uma sugestão aqui de quase infinita alienação: o saque de Tróia e o exílio dos troianos sobreviventes é como a expulsão de um paraíso que então continua a aparecer para os homens como um sonho irrecuperável"[11].

É claro que este último trecho do ensaio de Lowry Nelson Jr. é básico para a passagem ao poema baudelairiano: o tema do exílio, que o autor reconhece como "major theme" do poema, já está ali configurado com todas as suas implicações. Ou, segundo o autor: isolamento, privação, abandono, exclusão, inadequação. Todavia, aquilo que será decisivo na leitura do autor, e recorrente em várias instâncias de seu discurso crítico, é o movimento de duplicação que

7. *Op. cit.*, p. 332.
8. *Idem, ibidem.*
9. *Idem*, p. 334.
10. *Idem*, p. 336.
11. *Idem, ibidem.*

a atitude irônica assumida por Baudelaire desencadeia. O "falsus Simoïs" é também o Sena e Paris uma outra, "embora menos real, 'parva Tróia' "[12]. Da mesma maneira, as lágrimas de Andrômaca que aumentam o volume do rio (mais um simulacro!), fecundam a memória do poeta. "Aqui, diz Nelson Jr., a metáfora dos nascimentos e correntes como fontes da inspiração poética é revitalizada pela implicação concreta do rio trazendo água para irrigar a terra e levá-la a florescer"[13]. Neste momento, é possível passar de Andrômaca ao Cisne: ambas as imagens estão vinculadas por aquela atitude irônica através da qual o poeta desdobra a sua apreensão da realidade inadequada.

A "fecundante" memória de Andrômaca trouxe à mente do poeta a imagem do cisne porque suas condições são paralelas em muitos sentidos. Ambos são ironicamente livres: Andrômaca não está mais escrava, o cisne não está mais confinado à sua gaiola. Mas para que serve a liberdade? Andrômaca construiu com Heleno uma pequena Tróia que serve como uma gaiola para aprisioná-la no passado. O Cisne escapou, não para seu "beau lac natal", mas para um novo confinamento num ambiente hostil: uma desagradável rua seca, áspero chão, um riacho sem água[14].

Daí por diante será mais fácil, para Lowry Nelson Jr., ampliar o sentido em que toma o jogo das alusões literárias: estabelecida a rede irônica que possibilita a equivalência entre os dois símbolos básicos do texto — Andrômaca e cisne — é possível detectar no texto o aprofundamento do processo alusivo. Memória dentro da memória ("Je pense à mon grand cygne, avec ses gestes fous"); imagem dentro da imagem ("... et puis à vous,/Andromaque, des bras d'un grand époux tombée"). Ou, referindo-se aos últimos versos do poema: "exílio na cidade e, dentro da cidade, exílio na floresta da mente"[15]. Está completo o círculo da alienação e da perda: no processo que vai da Tróia original à Tróia da mente, de acordo com a leitura que Lowry Nelson Jr. faz da passagem virgiliana, o poema de Baudelaire instanrou o espaço da ausência e da desesperança. É preciso citar um dos últimos trechos do ensaio de Lowry Nelson Jr. em que se estabelece, com grande sensibilidade, a medida dessa instauração baudelairiana.

12. *Idem*, p. 337.
13. *Idem, ibidem*.
14. *Idem*, p. 339.
15. *Idem*, p. 344.

Em Virgílio, [diz o autor] há a Tróia original, a pequena Tróia de Andrômaca e Heleno, a futura tróia de Roma e a Tróia da mente. Em Baudelaire a Paris contemporânea que ele evoca torna-se também uma pequena Tróia; mas no passado houve uma Tróia um pouco mais próxima ao original em "le vieux Paris", que continha uma espécie de falsa cidade dentro dela, o "camp de baraques". Mais importante é a Tróia da mente, a cidade nunca-nunca que ocupa a memória e que representa uma espécie de insatisfatório exílio do presente, ou no passado paradisíaco ou no impossível futuro. A memória, então, é tanto liberação do presente quanto, ao mesmo tempo, ironicamente, escravidão ao passado — da mesma forma que o campo da mente é escape da cidade da mente e também uma espécie de miragem que aprisiona a mente na ilusão[16].

Não obstante todos esses elementos de interpretação do texto baudelairiano, levantados, com muito rigor analítico por Lowry Nelson Jr., o ensaio está limitado por seu propósito básico, isto é, esclarecer o modo pelo qual Baudelaire leu, e consumiu criativamente, o texto virgiliano. Desta maneira, as suas últimas observações, referentes à linguagem do poema, não vão além de uma indicação de propriedade entre a intenção de fundir Virgílio e experiência pessoal e o que chama de *medium* para tal fusão: latinismos de vocabulário ou "reflexo do estilo latino"[17].

Não me parece, por isso, que tenha razão F. W. Leakey quando, em nota ao seu ensaio sobre "Le Cygne", trata o trabalho de Lowry Nelson Jr. como sendo "at times overingenious"[18]. Ao contrário, por manter-se, às vezes, excessivamente limitado aos parâmetros de um exercício de decifração da alusão literária (embora cumprindo admiravelmente bem o seu propósito), é que, a meu ver, o texto de Lowry Nelson Jr. falha em não desdobrar mais amplamente algumas das magníficas descobertas de leitura acerca do poema. Sente-se a ausência, por assim dizer, de uma contextualização dos dados textuais e que poderia, sem dúvida, indicar, de modo mais complexo, a passagem entre a criação do estilo baudelairiano, a partir de sua leitura de Virgílio, e sua experiência de inadequação de um poeta vivendo, para dizer com Walter Benjamin, "a era do alto capitalismo"[19].

Este tipo de problematização também não é realizado pelo segundo ensaio escolhido para exemplo: o de F. W.

16. *Idem*, p. 344-5.
17. *Idem*, p. 345.
18. *Op. cit.*, p. 53, nota 2.
19. Refiro-me à edição inglesa do livro de BENJAMIN, *Charles Baudelaire: A Lyric Poet in the Era of High Capitalism*. Transl. by Harry Zohn, Londres, NLB, 1973.

Leakey. Embora a sua intenção seja bem mais analítica do que a do ensaio anterior, nem sempre os resultados obtidos são mais originais. O propósito essencial é o seguinte:

> Na maioria (talvez em todos) dos poemas previamente escritos, inclusive aqueles pelo próprio Baudelaire, o que é finalmente apresentado ao leitor é a *reorganização* em alguma forma (lógica ou cronológica) das idéias originais, da experiência original, a partir das quais o poema é moldado; quase por definição há uma brecha, mais ou menos ampla, entre a seqüência original de idéias e a seqüência reorganizada finalmente posta ante o leitor. A realização e inovação incomuns de Baudelaire em "Le Cygne" é ter *fechado* esta brecha, ter feito um poema simplesmente derramando os pensamentos que livremente vinham à sua mente no momento real da composição. Fazendo assim, ele não somente vai além, antecipando técnicas modernas ("associação livre", "fluxo de consciência", "escrita automática", etc.); ele também nos concede o privilégio único de assistir, por assim dizer, a criação real do poema. Tema, estrutura e gênese não são mais distintos e sim idênticos[20].

O ensaio, todavia, fica a meio caminho da ambição delineada como intenção fundamental: apenas a gênese do poema, como o próprio autor reconhece, foi abordada[21]. Sobretudo do ângulo de uma, para mim duvidosa, associação livre fundamental. Duvidosa: a idéia do texto como "essencialmente a transposição poética dos pensamentos de um homem"[22] é de uma tal generalidade que não é possível tomá-la como instrumento adequado de análise. E, na verdade, não obstante algumas observações de proveito para a compreensão do poema, o ensaio de F. W. Leakey está marcado por uma inelutável leitura psicologizante: as relações entre o texto e a experiência pessoal de Baudalaire (imaginada pelo crítico!) servem para explicar as passagens entre aquilo que a memória oferecia ao poeta e seu modo específico de retê-la. Deste modo, a imagem de Paris que o poema baudelairiano incorpora é percebida pelo crítico como, antes de mais nada, uma descrição de caráter visual: "before he can *feel*, he must first *see*"[23]. Está claro que não se negará a importância, no poema, das imagens visuais (mesmo porque, fundado na memória, o texto baudelairiano não poderia deixar de fazer uso daquilo que a memória visual lhe oferecia como instrumento de captação da cidade): a separação, entretanto, dos movimentos de *sentir* e *ver*

20. *Op. cit.*, p. 38.
21. *Idem*, p. 53, nota 1.
22. *Idem*, p. 40.
23. *Idem, ibidem.*

implica numa ruptura do que, no poema, é um só movimento de apreensão, embora modulado pela própria linguagem a um tempo pessoal e histórica de que se serve o poeta. De fato, desejando acompanhar a evolução do pensamento do poeta no momento mesmo da composição, F. W. Leakey cria uma, por assim dizer, circularidade interpretativa: sendo a expressão de um movimento interior ao poeta, cada verso é lido como indicação de um retorno possível, pelo crítico, às fontes do pensamento do poeta.

Neste sentido, pode servir de ilustração o modo pelo qual o autor fixa a passagem entre as duas partes do poema.

A separação [diz ele] entre as partes I e II do poema, representa uma *pausa* nos pensamentos de Baudelaire: podemos imaginá-lo permanecendo sozinho na praça, perdido em suas memórias, e então, voltando a si novamente, juntando os seus pensamentos desde que, mais uma vez, ele se torna consciente da cena presente[24].

Eis o que chamei de circularidade interpretativa: está claro que a distância entre as duas partes do poema implica numa "pausa", como quer F. W. Leakey; mas não simplesmente uma "*pausa* nos pensamentos de Baudelaire"!; por isso mesmo, não é convincente a figuração que o autor faz do poeta (nem, por outro lado, esta acrescenta qualquer elemento para a leitura do poema). Trata-se de um momento fundamental para a compreensão da linguagem do poema: a segunda parte, articulando elementos dispersos da primeira, insiste na transformação *poética* daqueles dados apreendidos pela memória. Neste sentido, a alegoria em que o poeta vê tudo traduzido é mais do que, como quer F. W. Leakey, um despertar de imagens que, "por sua interconexão com outras, pode servir para cristalizar uma emoção ou idéia central"[25]. Na verdade, a meu ver, a alegoria, de que o poeta é explicitamente consciente, é muito mais uma indicação do sentido de perda e alienação que se instaura entre o poeta e as imagens da cidade colhidas pela memória do "homem na multidão", para usar da expressão de Poe, tão estimada pelo próprio Baudelaire[26]. Deixando para depois a discussão do papel desempenhado por essa consciência alegorizante, não é difícil perceber, entretanto, de que modo

---

24. *Idem*, p. 43.
25. *Idem, Ibidem*.
26. Cf. "Le peintre de la vie moderne", em *Oeuvres Complètes II*. Texte établi, présenté et annoté par Claude Pichois, Paris, Gallimard (Bibliothèque de la Pléiade), 1976.

a leitura de F. W. Leakey não poderia atingir os desdobramentos fundamentais deseu funcionamento no poema: a direção psicologizante do ensaio impede a análise dos procedimentos baudelairianos enquanto articulação entre os discursos pessoal e histórico.

Da mesma forma, a abertura para a universalidade, que o autor lê nos últimos versos do poema, vem afirmada a partir de um momento associativo das idéias em Baudelaire, sem que encontre um respaldo interpretativo na própria composição do texto[27]. Muito mais do que nos deslocamentos temporais e espaciais, como assinala Leakey, a universalidade do poema, a meu ver, pode ser apreendida no próprio movimento de saturação metafórica.

Por isso mesmo, embora muito menos ambicioso, o ensaio de Victor Brombert consegue ultrapassar as limitações da circularidade: a sua leitura, admitindo como primordial o discernimento da estrutura verbal do poema, persegue o movimento de desestruturação e reestruturação do texto que é, sem dúvida, básico para compreender a convergência do pessoal e histórico no poema. Deste modo, a leitura do primeiro verso abre logo o ensaio de Brombert para considerações acerca das reversibilidades entre indivíduo e história:

O poema começa [diz ele] por um nome próprio cuja substância pertence simultaneamente ao domínio da história, da lenda e da literatura. A voz do poeta, dirigindo-se a esta figura transcendente, situada em diferentes níveis do passado, se declara no presente do indicativo. Passado e presente aproximam-se e, no entanto, se distinguem: no plano sintático, a frase parece unida e enlaçada (a segunda pessoa do plural levando-nos a uma Andrômaca imanente), enquanto que no plano rítmico ela separa o *vós* do *eu* por uma volta sugerindo as dificuldades de uma relação à distância[28].

Convencido, como dirá em seguida, de que " 'Le Cygne', por sua estrutura verbal e temática, é, de uma só vez, o poema do tempo e da simultaneidade"[29], a aproximação que realiza à cronologia interna do texto é decisiva para a interpretação posterior:

A cronologia do poema implica em estruturas aparentemente contraditórias de estratificação e de circularidade. Por trás do presente da evocação ("je pense") esboça-se uma experiência pertencendo a um passado recente: "Comme je traversais..."; e por trás da lembrança deste passeio parisiense, que lembra também as metamor-

27. *Op. cit.*, p. 49.
28. *Op. cit.*, p. 254.
29. *Idem*, p. 256.

foses do cataclisma haussmanniano ("Le vieux Paris n'est plus..."), existe um outro tempo, o de um *jadis* em que se espalhava a criação de animais de que o cisne havia fugido. Presente, passado composto, imperfeito, pretérito, mais-que-perfeito — os tempos do indicativo desfilam, separam-nos progressivamente do momento da meditação-evocação, e aproximam-nos entretanto do tempo evocado. Por trás da Paris do século XIX e a velha Paris, passa a sombra de Andrômaca: de início, inevitavelmente, a de Racine, mas sobretudo a sombra virgiliana, a que Enéias encontra no terceiro livro da *Enéida*[30].

Anotando esta "mistura de fugacidade e de permanência"[31], sem, entretanto, esquecer o modo pelo qual a construção do poema articula a diversidade, Victor Brombert estabelece os termos da separação entre as duas partes do texto: sucessão, na primeira, e tendência à imobilização da experiência, na segunda.

Depois da sucessão, na primeira parte, tempos do indicativo cuja gama corresponde aos incidentes e episódios fragmentários (ao "bric-à-brac confus"), a segunda parte tende a imobilizar a experiência. (...). De fato, é esta tendência fixadora que Baudelaire associa à intencionalidade alegorizante: "...tout pour moi devient allégorie"[32].

Desta forma, é bem mais convincente o modo pelo qual Brombert estabelece o roteiro, no poema, das transformações alegóricas que, por sua vez, vinculam-se ao que ele chama de "sistema de analogias"[33] do texto. Dor, lembrança e trabalho, modificados na medida em que o poema vai desenvolvendo o seu processo de conhecimento da realidade (passada, presente e futura), não são apenas temas incorporados ao texto mas decorrentes do próprio sentido mais radical de composição. Diz Brombert:

A Dor no singular (...) retoma no plano generalizado as dores plurais, mas ainda individualizadas, da primeira estrofe. Ora, desde logo, a dor se afirma como fecunda[34].

Da mesma forma, logo adiante, com relação à lembrança:

A Lembrança vem também dar conta da Dor. A redundância das palavras "fecunda" e "fértil", referindo-se à memória, não é somente um latinismo que o contexto justifica; ela remete à natureza

30. *Idem*, p. 255.
31. *Idem*, p. 256.
32. *Idem, ibidem*.
33. *Idem*, p. 257.
34. *Idem*, pp. 258-59.

soteriológica da rememoração. (...). *Le Cygne*, por causa da "memória fértil", sugere uma identidade-identificação coletiva ("quiconque", "ceux qui"): trata-se de recuperar a ausência[35].

Finalmente, com relação ao trabalho:

A trindade alegórica do poema, cujo terceiro termo (ao lado da Dor e da Lembrança) é justamente o Trabalho, afirma a unidade na relação específica, em diversos níveis, com o topos da cidade. O Trabalho (com o que esta palavra sugere contextualmente de desprezo e culpabilidade) é, de fato, explicitamente associado à limpeza pública, isto é, às ruas da capital e às imagens de lixos e dejetos. A cidade moderna (...) propõe especificamente imagens complementares de construção e deconstrução[36].

Eis, portanto, o sentido básico do ensaio de Victor Brombert: as articulações do poema baudelairiano estão a serviço de uma percepção, por assim dizer, antinômica da realidade, em que tanto os tempos (de Andrômaca, do Cisne e de Paris) quanto os espaços, estilhaçados pela memória, são confundidos pela própria composição do poema que revela e intensifica aquela percepção.

É que [diz Brombert] na consciência baudelairiana, criação e desintegração estão inevitavelmente acopladas. O esforço artístico é necessariamente recriação (senão anticriação); ele depende do princípio de desintegração e não pode operar senão na medida em que as formas se diluem[37].

Desta maneira, contrário mesmo ao sentido da leitura de F. W. Leakey e muito mais de acordo com aquilo que o próprio Baudelaire deixou registrado em seu texto sobre Constantin Guys, Victor Brombert vê o texto como um esboço:

O esboço [diz ele] (...) não se pode realizar senão pela memória. Esta memória a serviço do esboço, este esboço fundado sobre um processo de decomposição: o sentido mais largo do poema compreende, vê-se, o drama da própria cultura, drama fundado sobre a dialética da dissolução e da continuidade[38].

Por ampliar, assim, a matéria de reflexão propiciada por sua leitura, é que Victor Brombert pode terminar o ensaio estabelecendo uma fecunda relação entre o Baudelaire de "Le Cygne" e o T. S. Eliot de "The Waste Land":

35. *Idem*, pp. 259-60.
36. *Idem*, pp. 260-61.
37. *Idem*, p. 261.
38. *Idem, ibidem.*

Como T. S. Eliot nesta *Waste Land* que tanto deve às *Flores do Mal*, Baudelaire também faz o inventário dos "withered stumps of time". E, como ele, encontra na própria fragmentação uma proteção contra o nada: o material da salvação. "These fragments I have shored against my ruins..." [39].

Da leitura dos três textos escolhidos para exemplificação o que fica, sobretudo, é a ausência de uma integração de análise, descontados, está claro, aqueles elementos fundamentais de esclarecimento do poema já ressaltados.

Alusão literária, processo psicológico de composição ou leitura do "sistema de analogias" são, na verdade, resultantes de aproximações diferenciadas ao texto baudelairiano. Não será possível, entretanto, vê-las como etapas de uma abordagem mais ampla, capaz de incluí-las como aspectos essenciais de uma leitura que permita descortinar no poema o próprio mecanismo da composição?

Dizendo de outro modo: até que ponto é possível ler o poema como sistema integrador daqueles traços básicos anotados por Lowry Nelson Jr., F. W. Leakey e Victor Brombert? Ou, ainda: de que modo a alusão literária, discutida no ensaio de Lowry Nelson Jr., responde a um certo desenvolvimento psicológico do poeta, fundamento do texto de Leakey, ao mesmo tempo em que é confirmada, ou ampliada, pelo "sistema de analogias" que Brombert salienta na composição do texto?

Neste sentido, o meu pressuposto de leitura é um só: a percepção do poema como sistema somente será possível na medida em que a sua decifração implique necessariamente a reconstrução posterior de um quadro de indagações em que o poema seja lido como movimento de uma linguagem específica. O que significa dizer que não vejo outro meio de realizar uma leitura integradora senão através de uma reflexão acerca das relações entre o poema e tudo aquilo que se possa chamar de projeto baudelairiano. O poema como momento de uma linguagem que, por sua vez, traduz o movimento essencial de uma específica maneira de ver e auscultar os sentidos da realidade.

Começo, por isso mesmo, afirmando o sentido inaugural do poema. A relação, logo estabelecida por Baudelaire, entre a transcrição de leitura e a origem do poema — a lembrança de Andrômaca é o elemento deflagrador da composição — situa, desde o início, o poema num espaço intertextual.

39. *Idem, ibidem.*

O início do poema é já a tradução interiorizada daquilo que, pela leitura, a memória reteve como instrumento de captação de um certo aspecto da realidade: a adjetivação do segundo verso ("pauvre et triste") acentua, desde logo, o traçado irônico do texto com relação ao sofrimento, desde que o que segue — a partir da utilização do verbo final deste segundo verso ("resplendit") — é dado por oposição àquele par de adjetivos. O encavalgamento entre este e o terceiro verso ("resplendit/L'immense majesté") completa a polarização fundamental. Estes elementos da composição, no entanto, orbitam em torno de uma metáfora essencial: a transformação do pequeno rio em espelho, aspecto muito importante da leitura que faz Baudelaire do simulacro virgiliano, é o que permite passar da lembrança de Andrômaca à criação do poema. A memória, que se afirma como "fertile" no verso inicial da segunda estrofe, é fecundada, portanto, pelas imagens espectrais de uma experiência, por assim dizer, de cultura.

Na verdade, todo o largo aposto que é constituído pelos versos dois, três e quatro, tradução da leitura de Virgílio, está fundado na metáfora do espelho: aquilo que Baudelaire leu em Virgílio não se distingue, por isso, daquilo que ele lê agora na realidade. A sua memória é *poética* na medida em que produz as relações necessárias para que a visão de Paris não despreze, antes inclua, a sua experiência literária. Neste sentido, o espelho funciona como elemento capaz de, num movimento rápido de refração, aglutinar realidade pessoal e histórica. O segundo verso da segunda estrofe instaura a passagem entre uma e outra: "Comme je traversais le nouveau Carrousel". A experiência do novo, em termos pessoais, apontando para a fugacidade, solicita, por assim dizer, o comportamento do que a memória, em termos históricos, reteve como experiência. Por isso mesmo, é de uma grande coerência textual a lamentação que está nos dois últimos versos da segunda estrofe: a oposição entre novo e velho (Carrousel e Paris) estabelece a tensão necessária entre o pessoal e o histórico. Forma da cidade e coração do poeta estão separados pela mudança: o início do poema fala de seu próprio aparecimento porque entre o poeta e a história está a linguagem da poesia — uma maneira diversa de dizer que, entre o novo e o velho, está o sentido da mudança que o poema busca captar. Mas o poema é sempre uma concretização: o seu movimento — aquilo que a linguagem é capaz de gerar como experiências múltiplas da realidade — só é possível na medida em que aquela concretização não signifique o desprezo pelos objetos não tangíveis que tecem a fina franja entre a experiência imediata e a memória. Toda a terceira estrofe dá conta do modo pelo qual Baudelaire insiste nas imagens espectrais — ecoando basicamente a metáfora germinal do espelho — como maneira de reduzir o histórico ao pessoal, a memória da forma, que muda, à forma da memória, que é o próprio poema. Servindo aos desígnios de concretização, os objetos enumerados nesta estrofe, todavia, são dados a partir de uma perspectiva que não desfaz aquele precário movimento entre o novo e o velho em que se situa o poeta:

> Je ne vois qu'en esprit tout ce camp de baraques,
> Ce tas de chapiteaux ébauchés et de fûts,
> Les herbes, les gros blocs verdis par l'eau des flaques,
> Et, brillant aux carreaux, le bric-à-brac confus.

O primeiro hemistíquio recupera, para o poema, o sentido da visão baudelairiana: entre o pensamento acerca de Andrômaca e a reconstrução de uma Paris pré-housmaniana (o que dá razão tanto à leitura de Lowry Nelson Jr. quanto à de Victor Brombert), não é senão *en esprit* que o poeta passeia a sua linguagem de indagação, criando, assim, o espaço para que a *memória fértil*, de que fala em verso anterior, possa desatar os fios que amarram a sua experiência parisiense à leitura virgiliana. A figura que o poema constrói em seguida — a do Cisne — é o resultado de um movimento fundamental de construção: *en esprit* podia Baudelaire retomar o mito romântico por entre ruínas passadas (as de Tróia) e presentes (as de Paris). É o que, de fato, começa a acontecer a partir da quarta estrofe: a utilização, em anáfora, do advérbio de lugar cria a distância necessária para que a imagem do Cisne possa surgir por entre os estilhaços da memória.

> Là s'étalait jadis une ménegerie;
> Là je vis, un matin, à l'heure où sous les cieux.

Por isso mesmo, para que apareça a figura do Cisne, o leitor precisa passar pelos dois últimos versos desta estrofe: o momento em que ocorre a visão do Cisne está situado no começo do dia e tudo aquilo que, na vida de uma cidade como Paris, se representa pelo trabalho de limpeza pública. Na verdade, o Trabalho que se inicia no terceiro verso (grafado em maiúscula para acentuar o seu valor simbólico) é correlato ao sentido de destruição e abandono que vai tomando conta do texto: a "voirie", por oposição semântica, deixa entrever a realidade mais íntima da cidade por sua vinculação a dejetos e lixos. A oposição é violenta: veja-se o paralelismo semântico por antinomia criado nos últimos versos da estrofe:

.... cieux
Froids et clairs le Travail s'éveille, où la voirie
Pousse un sombre ouragan dans l'air silencieux

Estabelecido esse quadro tenso e desolado, que a visão baudelairiana de Paris busca acentuar pelas recorrências da experiência cultural (seja a lembrança de Andrômaca, seja a de uma cidade não mais existente, o "vieux Paris", de que fala na segunda estrofe), a imagem do Cisne, que surge na quinta estrofe, não faz senão intensificar essa leitura, por assim dizer, impotente de uma realidade adversa.

É claro que a imagem, no poema, já traz consigo toda a imantação semântica das utilizações líricas anteriores. No momento em que Baudelaire escreve o poema, o Cisne já se havia transformado numa espécie de tópico recorrente da simbologia poética.

O que entretanto, confere autenticidade à sua utilização por Baudelaire é o modo pelo qual o seu aparecimento no texto traduz um roteiro poético destrutivo e irônico: a identificação do poeta com o Cisne é mais um ato possível de reconstituição histórico-literária do que uma verdade psicológica referendada pelo poema.

Na verdade, entre o poeta e as imagens de abandono, desolação e exílio, que Andrômaca e o Cisne deflagram, está a consciência poética, isto é, um modo de conservar à distância as relações entre poeta e imagem, por onde seja possível organizar um espaço irônico de apreensão da existência.

Conservar à distância: as imagens trabalhadas pelo poema são também textos que o poeta vai lendo à medida em que escreve. Por isso, o que ele vê, como está explicitado na sexta estrofe, é muito mais um mito, "étrange et fatal", do que um cisne. Mais uma vez, como no caso anterior da ficção virgiliana, a tensão entre o pessoal e o histórico é mantida pela insidiosa presença da intertextualidade.

Se nas primeiras estrofes do poema a lembrança de Andrômaca, refletida no "pauvre et triste miroir", desdobra-se num movimento de fecundação da memória, que é o próprio nascimento do poema, nas três últimas estrofes a imagem do Cisne funciona como comentário implícito das dificuldades da inspiração/composição. No primeiro caso, a leitura de Virgílio é elemento deflagrador da criação; no segundo, o tópico poético, por sua própria condição topológica, é o reverso daquele espelho fecundante. Andrômaca e Cisne, começo e fim de um só movimento de criação poética, extraídos pela memória, só têm existência pela presença, mais imediata e aguda da Cidade: entre as duas realidades fictícias — "Simois menteur" e tópico romântico — situa-se o Trabalho, sobretudo aquele seu aspecto menos edificante nomeado nas ações da "voirie". A oposição entre os dois mitos é retida por Baudelaire naquilo que eles podem representar enquanto fonte de inspiração/fecundação: rio-espelho e solo-cidade. Entre a fecundação da memória pelo simulacro de rio, quer dizer, por tudo o que na leitura de Virgílio é consciente aceitação de uma realidade de ficção, e a impotência diante de um espaço seco, duro, adverso, o poeta encontra o instante apropriado para o registro de sua condição. Na verdade, a fuga do Cisne de sua gaiola não representa uma libertação: a sua "blanc plumage" encontra sua contrapartida naqueles elementos que, no poema, apontam para o que há de irônico no esforço de fuga. "Pavé sec", "sol raboteux", "ruisseau sans eau" são simetricamente opostos àquele "petit fleuve", da primeira estrofe, que impulsionava a criação do poema. Nesse sentido, o espaço para onde foge o Cisne — a Cidade transformada que nada tem de seu "beau lac natal" — é inóspito e anula a possibilidade de canto. Ele não canta, fala: e a fala é um registro de sua impotência ante o espaço em que se encontra:

"Eau, quand donc pleuvras-tu? quand tonneras-tu, foudre?

Nem mesmo a magnífica ginástica retórica, que recupera, no texto, o movimento inicial do poema, esconde a opção pela fala: o canto já não é possível porque entre a inspiração a partir de Andrômaca, rio-espelho, e a realidade imediata da Cidade, o Cisne perdeu a sua viabilidade. A transformação em mito na sexta estrofe é correlata à passagem entre canto e fala: aquilo que o poeta agora vê é o que resultou do encontro da inspiração poética com a realidade da cidade:

Je vois ce malheureux, mythe étrange e fatal,

Vers le ciel quelquefois, comme l'homme d'Ovide,
Vers le ciel ironique et cruellement bleu,
Sur son cou convulsif tendant sa tête avide,
Comme s'il adressait des reproches à Dieu!

Tudo está preparado para que o Cisne ingresse também naquele espaço a que, no poema, pertence Andrômaca: entre os verbos *penser* e *voir*, a existência mítica do Cisne possibilita a passagem. Nesta primeira parte do poema, o poeta *pensa* em Andrômaca e *vê* o Cisne. Todavia, como ele o vê "en esprit", e uma vez afirmada a metamorfose mítica, é possível assumir a distância entre o poeta e a imagem e pensá-la em relação a outras metamorfoses. Da mesma maneira que, na quarta estrofe desta primeira parte, como instrumento de distanciamento ainda maior:

> Vers le ciel quelquefois, comme l'homme d'Ovide,
> Vers le ciel ironique et cruellement bleu,

A antropomorfização do Cisne, pela referência erudita ao verso das *Metamorfoses* — "Os homini sublime dedit coelumque tueri..." —, já estava inclusa na fala da estrofe anterior: mais do que um ornamento retórico, ela responde à alienação impotente do poeta ante a realidade imediata da Cidade. A direção para o céu, depois da anulação do canto pelo solo seco, é um gesto desesperado: o céu é "irônica e cruelmente azul" em oposição ao que foi afirmado com relação ao solo na estrofe anterior. Desta maneira, a leitura que Baudelaire realiza do tópico está permanentemente referida aos dois espaços essenciais de que o seu poema busca dar conta: o da tradição literária, por onde é possível vincular Andrômaca e Cisne, e o da sua experiência concreta da Cidade. Dizendo de outra maneira, o texto está fundado na tensão básica entre o pessoal e o histórico. É o último que desencadeia, pela memória, as associações, por assim dizer, líricas; mas é o primeiro que confere àquelas associações uma validade estrutural básica. Sem a história, o passeio baudelairiano pelas ruas parisienses estaria privado de sua dimensão temporal que é essencial para que, num estágio posterior, a nomeação de sua experiência citadina possa ultrapassar os limites da descrição imediata. Por outro lado, contudo, a memória não seria acionada sem aquela experiência: a metamorfose do Cisne, embora sugira a impossibilidade da inspiração dar conta de uma realidade brutal — a da Cidade —, é também, por sua vez, um modo do poeta ampliar o seu raio de ação perceptivo. Na medida em que a transformação mítica significa uma relação à distância, é possível, como já se assinalou, abrir o caminho para outras metamorfoses. Neste sentido, não é um caminho que se abre a partir de, por assim dizer, um *a priori* lírico, mas uma transformação sustentada internamente pelo texto. A metamorfose mítica encontra a sua contrapartida na nomeação daquilo a que foi possível chegar pela articulação entre memória e experiência. O *voir* cede, definitivamente, lugar ao *penser*: depois da experiência da memória, está criado o espaço para a memória da experiência. A ironia é substituída pela prática consciente da alegoria, como está explicitado no terceiro verso da primeira estrofe da segunda parte do texto:

> Paris change! mais rien dans ma mélancolie
> N'a bougé! palais neufs, échafaudages, blocs,
> Vieux faubourgs, tout pour moi devient allégorie,
> Et mes chers souvenirs sont plus lourds que des rocs.

Paralela à terceira estrofe, por seu caráter enumerativo, esta estrofe inicial da segunda parte afirma a imobilidade do poeta por entre a imagem de mudança que a Cidade impõe. Depois de, na primeira parte, terem sido estabelecidos os parâmetros da desolação e deslocamento, é possível refletir sobre as conseqüências das relações entre poeta e imagem. A melancolia é a mesma: mas a articulação entre novo e velho, como está nos dois versos centrais da estrofe, e o peso da memória, que havia permitido a superposição das experiências históricas e pessoais, possibilitam uma mais ampla leitura intratextual das metamorfoses do Cisne e Andrômaca. Na verdade, a construção do poema produziu o espaço necessário para que elas passem a existir no mesmo sistema alegórico em que o poeta classifica os fragmentos da cidade resultantes de um movimento de destruição/construção. Não são mais objetos criados pela linguagem da poesia de que se serve Baudelaire: Andrômaca, Cidade e Cisne são representações, quer dizer, reflexos de uma realidade que as experiências históricas e pessoais do poeta internalizaram como linguagem do poema. Quero deixar bem clara a passagem: as imagens de Andrômaca, Cidade e Cisne, vinculadas, na primeira parte do poema, por um movimento intertextual, alusivo, como diria Lowry Nelson Jr., são agora, nesta segunda parte, exploradas a partir daquilo que a própria construção do poema foi possibilitando; as suas significações, para dizer de outro modo, são extraídas por intermédio de uma leitura intratextual realizada pelo poeta com referência às metamorfoses por que passaram as suas imagens centrais. Deste modo, a relação Cisne-Exílio, fixada na segunda estrofe, explicita a recuperação do mito no nível da Cidade: não mais aquele revoltado da imagem ovidiana, dirigido para o céu, mas o que resulta da confrontação com as mudanças urbanísticas:

> Aussi devant ce Louvre une image m'opprime:
> Je pense à mon grand cygne, avec ses gestes fous,
> Comme les exilés, ridicule et sublime,
> Et rongé d'un désir sans trêve! et puis à vous.

A relação Cisne-Exílio só foi possível porque, na primeira parte do poema, o tópico romântico não era apenas tradução de uma condição mas parábola de uma alienação básica: a do poeta diante da realidade fragmentária da Cidade. A meu ver, tanto o "désir sans trêve" do último verso quanto o "extase" da estrofe seguinte são indicações de uma mesma condição de impotência que é mais do que uma descrição generalizante: estão ambos fundidos pela impossibilidade que os leva ao simulacro, seja a revolta ante os céus, seja ao "Simoïs menteur".

Na verdade, a imagem do exílio de que agora Baudelaire contamina o tópico romântico, assim como a transformação de Andrômaca à condição animal ("Vil bétail, sous la main du superbe Pyrrhus"), que está na terceira estrofe, identificam, no nível das metamorfoses, o sentido da separação entre o ato criador e o registro da alienação desesperada.

As duas expressões assinaladas anteriormente ("désir sans trêve" e "extase") marcam a tensão daquele sentido: a relação Cisne-Andrômaca-Exílio aponta para a impossibilidade instaurada a partir da confrontação com a adversidade. De fato, os exílios do Cisne e de Andrômaca respondem, no texto, à mesma situação de distanciamento entre uma condição anterior e o estado presente.

O Cisne é como um exilado, "ridicule et sublime", não apenas porque se encontra deslocado por entre as mudanças da Cidade como ainda porque experimenta a inadequação entre esta e o seu "désir sans trêve", correlato à sua condição de cisne; da mesma maneira, Andrômaca tem o seu exílio intensificado não apenas pela posição de inferioridade a que se vê reduzida como ainda, "en extase courbée", pela aspiração a um passado que os acontecimentos transformaram em simulacro da realidade:

> Andromaque, des bras d'un grand époux tombée,
> Vil bétail, sous la mains du superbe Pyrrhus,
> Auprès d'un tombeau vide en extase courbée;
> Veuve d'Hector, hélas! et femme d'Hélénus!

Neste sentido, pode-se afirmar que a imagem do exílio não está fora, mas dentro do poema: ela traduz, sobretudo, o esforço de realização que, procurada na tradição literária, o poeta fazia enfrentar a dura realidade da memória e da cidade. Dentro do poema: não é por simples associação de imagens, como quer F. W. Leakey, que Baudelaire pode abrir o seu texto para a nomeação de condições múltiplas; é o espaço de saturação metafórica, criado pela própria relação entre história e experiência pessoal, que permite a universalidade. Nesta segunda parte do poema, por isso, ela não mais *vê* e sim *pensa* o sentido das suas nomeações: de mito e símbolo à alegoria, o traçado da construção da realidade correspondente ao traçado da construção do poema. Entre uma e outra realidade, está a ausência que o exílio traduz. Mas que ausência é esta senão o próprio espaço de inadequação expressiva criado pela relação entre realidade (histórica e pessoal) e a construção do poema? Por isso, as concretizações das três estrofes finais apontam também para a generalidade: os traços distintivos das condições múltiplas devem ser lidos com referência a essa ausência básica. Modelados por ela, os "exilados" baudelairianos ganham o estofo de abstrações universalizantes mas, ao mesmo tempo, conservam, no texto, o valor de objetos bastante concretos: são alegorias da ausência *pensadas* pelo poema e não somente pelo poeta. Ou: a construção da realidade desolada funda-se na instauração de um espaço poético capaz de consumir as ressonâncias de um exílio maior — aquele do poeta por entre "florestas de símbolos". A tradução desta imagem do poema "Correspondances" aparecerá no primeiro verso da última estrofe:

Ainsi dans la forêt où mon esprit s'exile.

Antes disso, no entanto, as estrofes quarta e quinta encarregam-se de compor o quadro das desolações "exiladas". Neste sentido, as ressonâncias são fundamentais: transformações de elementos anteriores que são recuperados em níveis diferentes. Deste modo, na quarta estrofe, Baudelaire realiza um perfeito paralelismo semântico com relação à imagem anterior do Cisne que está na primeira parte do poema:

Je pense à la negresse, amaigrie et phthisique,
Piétinant dans la boue, et cherchant, l'oeil hagard,
Les cocotiers absents de la superbe Afrique
Derrière la muraille immense du brouillard;

Tome-se, por exemplo, a imagem do segundo verso: "piétinant dans la boue". Na verdade, ela parece resultar da fusão de dois traços anteriores de caracterização do Cisne: "Et, de ses pieds palmés frottant de pavé sec", segundo verso da quinta estrofe da primeira parte, e "Baignait nerveusement ses ailes dans la poudre", primeiro verso da estrofe seguinte. Mais ainda: a expressão final do segundo verso, "l'oeil hagard", de certa maneira, traduz o "nerveusement" da sexta estrofe. A forte adjetivação do primeiro verso — "amaigrie et phthisique" — permite ao poeta o estabelecimento do paralelismo das condições do Cisne e da Negra. Sendo assim, da mesma forma que aquele buscava no solo duro e seco o espaço para o canto, esta exila-se na medida em que entre ela e o seu espaço natural — "superbe Afrique", transformação de "son beau lac natal" — instaura-se a ausência.

O que ela procura não são apenas coqueiros mas "cocotiers absents": está, de antemão, condenada pela consciência da inutilidade de seu gesto. O último verso desta estrofe marca bem a distância entre a Cidade e o seu hábitat: o "brouillard", que se interpõe entre ela e a visão da "superbre Afrique", ganha as dimensões da adjetivação baudelairiana — ele é "immense" porque não é só "brouillard" mas tudo o que impede a fuga do exílio. Está claro que, na composição do poema, é fundamental a oscilação entre os dois níveis de discurso: aquele que, extraído da memória, assume o nível da alusão literária (Andrômaca e Cisne) e aquele que o próprio conflito com a Cidade permite ao poeta passar para o nível da experiência pessoal. A passagem entre um e outro é que possibilita o jogo entre abstrato e concreto. Por isso mesmo, é possível ver nesta Negra a reminiscência de Jeanne Duval: a ressonância das imagens utilizadas para o Cisne, entretanto, extrai da "Vênus negra", como a chama Enid Starkie, aquilo que serve ao poeta como instrumento mais amplo de análise da condição do exílio. Na verdade, é a própria transformação interior das imagens que impõe a passagem do concreto ao abstrato.

A quinta estrofe, iniciada pela elipse do verbo, realiza plenamente o sentido dessa passagem: a abstração concretiza-se pela recorrência das imagens.

> A quiconque a perdu ce qui ne se retrouve
> Jamais, jamais! à ceux que s'abreuvent de pleurs
> Et tettent la Douleur comme une bonne louve!
> Aux maigres orphelins séchant comme des fleurs!

Se, por um lado, os pronomes utilizados nos dois versos iniciais ("quiconque" e "ceux") abrem o caminho para a generalização, por outro lado, os dois versos seguintes repercutem aquilo que o texto produzira anteriormente no nível da imagem alusiva (a referência à Loba do terceiro verso faz ressoar imediatamente a melodia latina da leitura virgiliana), ou, através da repetição do adjetivo, embora numa forma ligeiramente modificada (*"maigres* orphelins" e *"amaigrie* et phthisique"), o que o outro nível do discurso — o da confrontação com a experiência pessoal — fora capaz de articular.

Nestes dois últimos versos da estrofe, aliás, a imbricação imagística é muito grande: "maigres orphelins" é também tradução para Remo e Rômulo!

Desta maneira, mais do que em qualquer outra estrofe do poema, é nesta que a tensão entre o histórico e o pessoal é registrada através da criação imagística. Esclareço: a elipse inicial do verbo, propondo uma maior liberdade na formação da imagem, atua por acumulação, concorrendo para que diminua a distância entre os dois níveis da experiência. Por isso mesmo, a estrofe é ressoante por excelência: em todos os seus níveis de composição (sintático, morfológico, sonoro) o que sobressai é um tecido de implícitas alusões compondo a metáfora da desolação e do abandono. Tome-se, por exemplo, a repetição que inicia o segundo verso. A perda é absoluta porque ela se situa cada vez mais distante: "Jamais, jamais!" No mesmo sentido, a estrutura dos símiles dos dois últimos versos ("comme une bonne louve" e "comme des fleurs") intensificam o teor implícito da desolação: opõem-se, delicadamente, à realidade brutal — "la Douleur", "maigres orphelins".

A leitura da última estrofe, por isso, completa o poema na medida mesmo em que, no nível das imagens, o texto se conserva aberto para as múltiplas significações trabalhadas nas estrofes anteriores:

> Ainsi dans la forêt où mon esprit s'exile
> Un vieux Souvenir sonne à plein souffle du cor!
> Je pense aux matelots oubliés dans une île,
> Aux captifs, aux vaincus!... à bien d'autres encor!

Os quatro versos desta estrofe recuperam, de modo definitivo, o equilíbrio entre memória e consciência que caracteriza todo o poema.

Os dois primeiros versos, iniciados por uma cláusula conclusiva ("ainsi") fazem ecoar todo o movimento inicial do texto. Este "vieux Souvenir", do segundo verso, é a lembrança de Andrômaca mas, ao mesmo tempo, é mais do que isso: imanta, no nível da recuperação pela memória, tudo o que o poema foi capaz de traduzir.

De qualquer modo, no entanto, é o disparo inicial, aquilo que põe a funcionar a máquina do poema. É preciso notar, todavia, que esse disparo está referido ao espaço do primeiro verso, isto é, aquele preenchido pela existência dos símbolos em que se exila o espírito do poeta.

Floresta: nada se perde da contaminação com o que está dito na quarta estrofe desta segunda parte — a "superbe Afrique" é também uma floresta, e não só uma Tróia, como quer Lowry Nelson Jr., da mente. Está claro que, ao escrever floresta, Baudelaire não apenas aponta para a sua imagem anterior: é possível pensar no modo pelo qual, no texto, a Cidade é afirmada em nível semelhante. (A Cidade é uma floresta em que o poeta lê símbolos escondidos: "flâneur" curioso e heróico.) Mas ele não é senhor da Cidade: a sua posição é a de um exilado, um marginal. Por isso mesmo, os dois últimos versos explicitam a sua companhia: esquecidos, cativos, vencidos.

O poema pode começar a ser relido: "Andromaque, je pense à vous!"

Conclusão do inconcluso: é sempre possível ampliar a relação daqueles que se incluem na separação entre memória e consciência. A Modernidade essencial de Baudelaire está em fazer desta separação o espaço ilusório para a conquista de uma cidadania (a do poeta) que ele sabia, para sempre, perdida. Não sendo mais *da* Cidade, resta-lhe ser *poeta* da Cidade. Já que a Cidade não o inclui, mas o marginaliza, compete-lhe incluir a Cidade no poema, alegorizando-a. E por aqui a sombra melancólica do pensamento de Walter Benjamin pode passar.

3.

Exílio, ausência: um salto para o nada mallarmeano. Diferente do exílio romântico, o de Baudelaire traduz a *ausência conquistada* do objeto pela linguagem que é presença exilada num código estabelecido.

O *frisson* que Victor Hugo percebeu pouco tem a ver com isso: Hugo pensava e atuava dentro de um *outro* código. Quando Baudelaire dedica-lhe um poema, Hugo estava à margem, politicamente exilado, mas ainda *falava* a linguagem daqueles que o exilaram.

Baudelaire não: incorporando o *frisson* que Hugo podia perceber, isto é, o conteúdo do código estabelecido pela tradição, efetiva um desvio mais profundo. A tradução da História em termos de poema importava — e Auerbach captou o problema noutra direção [40] — nessa oscilação fundamental de códigos.

Não há resolução, nem mesmo (ou principalmente!) para o "Baudelaire Cristão" porque, entre o pessoal e o histórico, a linguagem cava o fosso do nada. E dos deuses a linguagem nada pode dizer: cala ou implora a sua intercessão.

Entre prostitutas e santos, Baudelaire escolheu a "porta estreita": aquela que não leva a lugar nenhum (nem ao êxtase do sexo nem aos céus) mas a si mesma: o poema. Antes e melhor do que qualquer outro, Baudelaire, o "flâneur", o esgrimista, o dândi, sabia que "homem nenhum é uma ilha", a não ser o poeta: o seu ancoradouro chama-se linguagem.

---

40. Refiro-me a ERICH AUERBACH, "The Aesthetic Dignity of the 'Fleurs du Mal'", em *Scenes from the Drama of European Literature*, New York, Meridian Books, 1959, talvez o mais agudo certeiro e belo ensaio sobre Baudelaire, leitura admirável de "Spleen"

3. MALLARMÉ, OU A METAMORFOSE DO CISNE

1.

Vinte e cinco anos depois do poema de Baudelaire, "Le Cygne", era publicado, em março de 1885, na *Revue Indépendante*, o soneto de Mallarmé, logo depois coligido na edição das *Poésies*, de 1887. Trazendo as marcas de um laborioso artesanato, em que tercetos e quartetos se cruzam e entrecruzam numa belíssima orquestração de vogais e consoantes — como, aliás, já o observou Thibaudet[1] —, o

---

1. Eis o que diz Thibaudet, em seu estudo *La Poésie* TE-PHANE MALLARMÉ: "Les quatorze rimes du sonnet sont en *i*, comme dans une laisse assonancée de chanson de geste. Elles développent sur la voyelle aiguë et contractée la monotonie d'un vaste espace solitaire, silencieux, tout blanc de glace dure... Les derniers vers des tercets reproduisent transversallement la même ligne d'assonances, en parallèles. Le dernier vers des quatrains étale d'un grand geste nu, sous le soleil froid qui l'éclaire, la congélation qu'il exprime. Dans le dernier vers du sonnet, le dernier mot, la longue du *Cygne*, sou-

poema, hoje fazendo parte do conjunto *Plusieurs Sonnets*[2], retomava (e modificava, como se vai ver) o *topos* da relação cisne/poeta que, de uma ou de outra forma, subjaz em vários textos do tempo[3].

Está precisamente nesta diferença o meu propósito: articular uma leitura do soneto que permita desentranhar a historicidade do procedimento utilizado por Mallarmé no sentido de repensar, no texto, essa relação.

Trata-se, portanto, por um lado, de uma leitura do soneto que marcha contra a corrente da extensa bibliografia existente sobre ele e, por outro, por isso mesmo, esta leitura deixa implícita aquela bibliografia[4]. O diálogo, por

lignée visuellement par la majuscule (rare chez Mallarmé), isolée et mise en valeur entre trois syllabes demi-muettes, arrête avec sûreté et poids l'oiseau dans cet espace de consonances, blanc comme lui, et dont en lui se gonfle le coeur harmonieux, nostalgique, douloureusement". Em STÉPHANE MALLARMÉ, *Oeuvres Complètes*. Texte établi et annoté par Henri Mondor et G. Jean-Aubry, Paris, Gallimard (Bibliothèque de la Pléiade), 1945, pp. 1485-86.

Acerca da utilização pelo poeta da palavra *Cygne* como a última do soneto, é bastante instigante a questão levantada por Henri Peyre, numa leitura explicativa do soneto: "Or is the final line an ambiguous warning and defiance, the 'Cygne' merely disguising the intent of its homonyn 'Signe'?". (Em *The poem itself*, Ed., and with an introduction, by Stanley Burnshaw, Londres, Penguin Books, 1960, p. 55).

2. Os demais sonetos são: "Quand l'ombre menaça de la fatale loi", "Victorieusement fui le suicide beau", "Ses purs ongles très haut dédiant leur onyx".

3. Às páginas citadas das *Oeuvres Complètes*, é possível encontrar uma relação de alguns desses textos, a começar pelos famosos versos de Gautier, que teria também influenciado Baudelaire, em *Emaux et Camées*:
"Un cygne s'est pris en nageant
Dans le bassin des Tuileries".
Mas a presença do *topos* é muito mais antiga: basta ler a obra de E. R. CURTIUS, *Literatura Européia e Idade Média Latina*, embora, para o caso, seja importante a sua expressão romântica. Um bom resumo, para a Literatura Brasileira, encontra-se em FAUSTO CUNHA, "O Cisne como Emblema e como Alegoria na Poesia do Romantismo", em *O Romantismo no Brasil*. De Castro Alves a Sousândrade, Rio de Janeiro, Paz e Terra, 1971, pp. 159-182.

4. A mais atualizada bibliografia sobre o soneto é possível que seja a que se encontra na recente edição crítica das poesias de MALLARMÉ, *Oeuvres Complètes. Poésies*, Édition critique présentée par Carl Paul Barbier et Charles Gordon Millan, Paris, Flammarion, 1983, p. 310. Ali, entretanto, não consta o interessante estudo de Leo Spitzer sobre o soneto, em que trata, sobretudo, de suas dificuldades (em comparação com outro soneto de Jodelle), e que está no ensaio "La interpretación linguística de las obras literarias",

assim dizer, é com o próprio soneto e aquilo que ali vejo como historicidade radical da poesia pós-romântica, sem que seja atravessado pela explicitação erudita.

No limite, portanto, está a idéia de que este soneto configura, como uma de suas possibilidades, a iconização da mimese do processo criador para a qual se voltava o trabalho de Mallarmé e que ele próprio explorará *en abîme* em *Un coup de dés,* de 1897.

Deste modo, sem desprezar o perigo de uma leitura que, "Tal que a Si-mesmo" ("Tel qu'en Lui-même", do túmulo de Edgar Poe), possa ser definida como uma hermenêutica enclausurada em seus pressupostos, arrisco a hipótese de uma semiose literária que, alimentada por uma "erótica da arte", venha a ser traduzida numa "hermenêutica erótica", para confundir os termos famosos de Susan Sontag [5].

Eis o soneto:

> Le vierge, le vivace et le bel aujourd'hui
> Va-t-il nous déchirer avec un coup d'aile ivre
> Ce lac dur oublié que hante sous le givre
> Le transparent glacier des vols qui n'ont pas fui!
>
> Un cygne d'autrefois se souvient que c'est lui
> Magnifique mais qui sans espoir se délivre
> Pour n'avoir pas chanté la région où vivre
> Quand du stérile hiver a resplendi l'ennui.
>
> Tout son col secouera cette blanche agonie
> Par l'espace infligée à l'oiseau qui le nie,
> Mais non l'horreur du sol où le plumage est pris.
>
> Fantôme qu'à ce lieu son pur éclat assigne,
> Il s'immobilise au songe froid de mépris
> Que vêt parmi l'exil inutile le Cygne[6].

em *Introducción a la estilística romance*. Trad. y notas de Amado Alonso y Raimundo Lida, Segunda edición, Buenos Aires, Facultad de Filosofía y Letras de la Universidad de Buenos Aires, 1942, p. 120-135. Outro importante estudo, que também não está na mencionada edição crítica, é o de CHRISTIANE CROW, " 'Le silence au vol de cygne': Baudelaire, Mallarmé, Valéry and the flight of the swan", em *Baudelaire, Mallarmé, Valéry.* New essays in honour of Lloyd Austin, Cambridge, Cambridge University Press, 1982, pp. 1-23.

5. Refiro-me à frase final do ensaio "Against interpretation": "In place of a hermeneutics we need an erotics of art". Em *Against Interpretation.* And other essays. New York, Dell Publications, 1966, p. 23.

6. A transcrição é da edição crítica de Barbier e Millan, cit., p. 308.

E a sua tradução:

O virgem, o vivaz e o viridente agora
Vai-nos dilacerar de um golpe de asa leve
Duro lago de olvido a solver sob a neve
O transparente azul que nenhum vôo aflora!

Lembrando que é ele mesmo esse cisne de outrora
Magnífico mas que sem esperança bebe
Por não ter celebrado a região que o recebe
Quando o estéril inverno acende a fria flora.

Todo o colo estremece sob a alva agonia
Pelo espaço infligida ao pássaro que o adia,
Mas não o horror do solo onde as plumas têm peso.

Fantasma que no azul designa o puro brilho,
Ele se imobiliza à cinza do desprezo
De que se veste o Cisne em seu sinistro exílio[7].

2.

Embora somente explicitada nas estrofes pares, a figura do cisne é projétil que deflagra o texto desde o seu início através da retenção de dois elementos estruturadores: asa e vôo, também em versos pares da primeira estrofe. Por outro lado, de imediato, é sob o signo da negatividade que se dá a presença: o desnorteamento da asa ("ébria") encontra o seu correlato nos vôos que não se efetivaram.

Não há certezas: o teor exclamativo do primeiro quarteto não é suficiente para fazer desaparecer o que existe de expectante na ação desencadeada por esse elusivo (e "belo") hoje — instante que, num relance, a página acolhe, não sem antes estabelecer a distância entre o gesto e uma consciência plural que o assiste e deseja.

A utilização retórica do *nous* acentua, de fato, o mecanismo de surpresa possível entre instante — súbito "golpe de asa" (ou "de dados", como dirá depois no texto famoso) — e a matéria da memória que é também memória da matéria, num sentido próximo ao de G. Bachelard[8].

---

7. Tradução de AUGUSTO DE CAMPOS, em AUGUSTO E HAROLDO CAMPOS e DÉCIO PINATARI, *Mallarmé*, São Paulo, Editora Perspectiva/EDUSP, 1975, p. 63.
8. Ver GASTON BACHELARD, *L'Eau et les Rêves*. Essai sur l'imagination de la matière, Paris, Librairie José Corti, 1942, sobretudo a Introdução, pp. 1-27. Aqui é indispensável nomear o já clássico estudo de JEAN-PIERRE RICHARD, *L'Univers imaginaire de Mallarmé*, Paris, Seuil, 1961, sobretudo pp. 251-56, em que trata especificamente do soneto.

Represada por este "lac dur oublié", a memória é, por isso, uma peça essencial do jogo retórico: o que se represa é aquilo que a experiência poética sabe desejável — "le transparent glacier". Entre memória e esquecimento, portanto, termos reversíveis de uma experiência que, agora, está na iminência da realização, o gesto poético do primeiro verso deste quarteto aponta para o acaso ("hasard") das transformações da linguagem.

Neste sentido, tudo se passa, inicialmente, no nível da retórica, quer dizer, no nível das substituições entre experiência e elocução. Mais ainda: entre o passado e o futuro, o que se privilegia é o movimento desse instante fugaz que, simultaneamente, é instrumento e objeto de uma ruptura presente.

Virgem e vivaz (*vivace* traduz aqui tanto vivacidade em termos existenciais quanto musicais), o instante, se me é permitido o jogo verbal, é também instância — lugar ou palco (e como isto é mallarmeano!) do que se passa ou passará.

Ação e objeto são, desta forma, apreendidos numa mesma rede de significações: entre a experiência e a elocução, o poema assume o espaço da memória que o desfecha.

Neste sentido, o "esquecimento", embora vinculado a "lac dur", ou por isso mesmo, é o pólo de resistência para que seja possível a liberação, no presente, dos vôos que não se efetivaram. Daí o acento negativo dessa retórica: o instante/instância traduz, mais profundamente, o lance de *écriture* que o poeta consegue extrair por entre as sedimentações da experiência.

Na verdade, instaurado como parêntese dubitativo numa longa frase anterior ao texto (tipologia e condição do fazer poético), o instante/instância recupera, para o espaço do texto, o tempo de uma linguagem da tradição que não é outra senão a da própria tradição do *topos*.

Por isso, é preciso retificar o número de elementos estruturadores iniciais: a asa e vôo, junte-se lago, mas o lago submerso que, sob a geleira resistente, guarda e, ao mesmo tempo, libera os mecanismos secretos do poema — objeto do instante, instância do fazer e não mais apenas da memória.

Ce lac dur oublié que hante sous le givre
Le transparent glacier des vols qui n'ont pas fui!

mé, desde logo, instila uma substancial, embora sutil, modificação nas relações poeta/cisne: não mais uma metáfora para a condição, mas para o próprio processo de criação poética capaz de aglutinar aquela.

A operação topológica, ao ceder a iniciativa do texto a uma tropologia, desloca a perspectiva da leitura, obrigando a uma percepção das relações no nível, sobretudo, do fazer e não somente do dizer. Mas o que significa esse deslocamento de perspectiva senão a incerteza do gesto inicial contaminando a recepção do texto?

> Le vierge, le vivace et le bel aujourd'hui
> Va-t-il nous déchirer avec un coup d'aile ivre.

Desta maneira, o primeiro quarteto, qualificando o instante em termos que acentuam pureza e fugacidade, opondo-se à presença negativa dos elementos que suspendem, num átimo, a sua completa realização ("lac dur oublié", "vols qui n'ont pas fui!"), afirma e, ao mesmo tempo, retifica o movimento de libertação, trabalhando sobre a dualidade topológica (cisne/poeta) para dela extrair o seu valor retórico, quer dizer, tropológico.

Atente-se, por exemplo, para o fato de que, sendo *virgem*, a primeira qualificação é já um índice para as possibilidades que o *topos* inclui e elas — as possibilidades que configuram a semiose do texto — serão aquilo que o trabalho retórico delas puder liberar. Dizendo de outro modo, asa, vôo e lago — motivos colhidos pelo instante/instância do soneto — desdobram as qualificações iniciais numa ruptura simultânea de instrumento e ação, ampliando os limites do poema.

Na verdade, ao ser nomeado enquanto *virgem*, o instante inicial é, de imediato, incluído numa história semântica de rejeições e negatividades, sendo, por assim dizer, interrompido em suas virtualidades de pureza. Neste sentido, a construção verbal do segundo verso ("va-t-il") introduz um acento interrogativo no teor exclamativo do quarteto, aumentando a expectação.

Articulando futuro e passado a partir do instante presente possível (porque também instância de criação), a estrofe joga com a memória que será explicitamente nomeada em seguida, embora tudo, ainda que pelo avesso do esquecimento, torne-a presente aqui e agora. Por isso, é possível inverter os termos e dizer que a inclusão do instante numa história semântica (leitura da topologia) significa o aliciamento do poeta e do leitor, porque também instância, para uma semântica da história (leitura tropológica). É precisamente por aí que se inicia o segundo quarteto, todo ele impregnado pela meditação acerca das tentativas e frustrações passadas.

> Un cygne d'autrefois se souvient que c'est lui
> Magnifique mais qui sans espoir se délivre
> Pour n'avoir pas chanté la région où vivre
> Quand du stérile hiver a resplendi l'ennui.

Assimilada ao gesto poético do primeiro verso do poema, a figura do cisne, agora explicitada, funciona como uma espécie de suspensão no presente por força da memória — tudo intensificado pelo paralelismo de oposição "aujourd'hui/ d'autrefois". Prolongando as raízes mais profundas daquilo que impossibilita a efetivação do vôo (como está no último verso do primeiro quarteto), a precisa bipartição sintática do segundo quarteto não esconde a viagem, por assim dizer, retórica, efetuada pelo *topos,* agora transmudado em *tropo.*

De fato, este "cygne d'autrefois", ao mesmo tempo que recolhe as marcas da topologia com que se iniciara o soneto, fazendo reverberar a sua história de contaminações semânticas (Romantismo, Gautier, Banville, Baudelaire etc.), acolhe também a transmutação mencionada uma vez que identifica o *tropo* ao gesto inicial de escritura poética. Entre o "bel aujourd'hui", do primeiro quarteto, e este "cygne d'autrefois", do segundo, passa o texto in *absentia* da topologia que Mallarmé traduz em texto in *praesentia* da tropologia que estrutura o soneto.

Para o espaço do texto, a súbita lembrança que efetiva a identificação cisne/poeta equivale à passagem entre experiência e elocução. Mas é uma experiência remetida ao passado não só do poeta mas da própria tradição topológica com que, agora, ele estabelece uma relação íntima no nível das substituições. O "cisne de outrora" não lhe serve de símile, pois ele *é* o elemento que, no texto, substitui o gesto poético inicial — daí o paralelismo de oposição já referido.

Neste sentido, aliás, o paralelismo entre os dois quartetos é acentuado: por exemplo, entre o "esquecimento" do primeiro, qualificando a região que aprisiona as aspirações maiores ("lac dur oublié"), e a lembrança do segundo ("Un cygne d'autrefois se souvient"), indiciando a feição tropológica do cisne, a memória instaura o sentido histórico do instante inicial deflagrador.

Explicitando melhor: tudo está em que é no presente do texto, no momento da própria enunciação referida à memória, que o "cygne d'autrefois" substitui o instante/instância inicial do soneto, vale dizer, o princípio da própria criação do texto. Sendo "de outrora", a figura imprime ao poema um movimento de continuidade que termina por traduzir, numa operação vertiginosa, a própria simultaneidade do gesto poético que articula dizer e fazer. Por isso mesmo, a distância entre lembrar e ser é eliminada: o instante da possível realização, que se exprime no primeiro quarteto, é, portanto, inseparável da condição topológica, quer dizer, histórica, da figura que, utilizada, passa a se valer das virtualidades retóricas que lhe são atributos.

> Un cygne d'autrefois se souvient que c'est lui
> Magnifique mais qui sans espoir se délivre.

Na passagem do primeiro para o segundo verso, de fato, o presente é afirmado, não obstante a substância de memória de que está impregnado o sujeito inicial. Presentificado, por assim dizer, pelas artimanhas do cavalgamento esdrúxulo (o primeiro verso termina por uma afirmação completa que, no entanto, expande-se pela qualificação inicial do segundo), o *topos* toma a iniciativa de elocução (como, aliás, queria Mallarmé em texto de reflexão teórica [9]) e, por isso, a leitura dos dois versos exige uma espécie de contorção sintática que, mais profundamente, corresponde ao trabalho realizado pelo poeta no nível da "transposição-estrutura" [10] do próprio texto.

Na verdade, o cavalgamento é, em grande parte, responsável por esta sinuosidade obrigatória da leitura: entre o primeiro e o segundo versos, a existência e a identificação do *rejet* é de caráter duvidoso, dada a ampliação registrada. E isto ainda melhor se confirma, uma vez observada a pausa necessária após a leitura de "magnifique", instaurando todo o peso da adversativa seguinte — que avança através das orações causais e temporais dos dois versos finais.

> Pour n'avoir pas chanté la région où vivre
> Quand du stérile hiver a resplendi l'ennui.

9. Cf. "Crise de vers", em *Oeuvres Complètes*, Paris, Gallimard, (Bibliothèque de la Pléiade), 1945, p. 366: "L'oeuvre pure implique la disparition élocutoire du poete, qui cède l'initiative aux mots, par le heurt de leur inégalité mobilisés".
10. *Idem, ibidem*: "Cette visée, je la dis Transposition-Structure, une autre".

Por isso mesmo, sem temer que isto possa parecer um sinal de contradição, falou-se antes em "precisa bipartição sintática" deste quarteto.

O sentido da história, na verdade, contaminado pela desesperança do segundo verso, encontra a sua plena realização no caráter negativo dos dois últimos versos que endossam a temporalidade simultânea do primeiro. O "cisne de outrora", tornado presente pela memória, antes de mais nada, textual, é agora contextualizado pela ambigüidade de seu valor retórico que mantém a tensão entre *topos* e *tropo*. Remetida ao passado, a figura extrai da topologia os elementos de caracterização com que, pela rede metafórica, apreende, ou traduz, a tradição. E o que é este trabalho de tradução senão a pausa meditativa acerca mesmo das possibilidades criativas e liberadoras do gesto escritural? A melancolia do segundo verso é explicada em termos de silêncio ("pour n'avoir pas chanté") imediatamente associado à esterilidade e ao tédio.

Inverno: inferno. Mas um inferno de gelo que é aquele do silêncio — hóspede fantasmal (o termo *hante*, do primeiro quarteto, permite a ilação), consumido pelo tédio da impotência. Neste sentido, o último verso estabelece uma perfeita correlação de forças ao jogar com os termos básicos — *hiver* e *ennui* —, respondendo um ao outro tanto pela qualificação (*stérile*) quanto pela ação verbal (*a resplendi*), terminando por acentuar o valor, por assim dizer, historicizado do *tropo*.

Entre o inverno e o tédio, passa a sensação da esterilidade mais vinculada, de imediato, à intuição do gesto criador originário que é recuperado pela ação verbal aparentemente contraditória. (A tradução de Augusto de Campos explicita esta aparente contradição, ao trabalhar no sentido de recriar o verso pela inserção de um outro *topos*: a ardência poética numa paisagem (interior ou exterior) de gelo, como é possível encontrar, com freqüência, na tradição poética, sobretudo a de vertente maneirista.)

Quando o estéril inverno acende a fria flora.

O tédio resplandecente preenche, numa posição de grande carga expectante, o espaço vazio e gelado rompido pela presença súbita do golpe de criação desencadeado. Sendo do passado (enquanto reflexão topológica), é, entretanto, o presente do texto a única possibilidade que se oferece para a liberação.

3.

Os dois tercetos trabalham com modos verbais de confluências: futuro e presente não existem senão pela consciência da transformação redutora do *topos* ao *tropo* com que, agora, a escrita afirma a sua condição de escrita.

> Tout son col secouera cette blanche agonie
> Par l'espace infligée à l'oiseau qui le nie,
> Mais non l'horreur du sol où le plumage est pris.
>
> Fantôme qu'à ce lieu son pur éclat assigne,
> Il s'immobilise au songe froid de mépris
> Que vêt parmi l'exil inutile le Cygne.

Embora o último verso do primeiro terceto acene para a tradução topológica — a relação solo/plumagem como motivo que aponta para a condição "prisioneira" do cisne, dado da tradição —, os dois versos anteriores acentuam a configuração escritural.

> Tout son col secouera cette blanche agonie
> Par l'espace infligée à l'oseau qui le nie

Como não ver nesta "alva agonia" o correlato preciso para todo o trabalho de criação poética, amargamente pressentido desde o primeiro verso do soneto, conservado, todavia, em permanente estado de suspensão pela presença ruinosa da consciência histórica?

Está claro que, por um lado, dados os termos especiais de todo o poema, esta "blanche agonie" surge como ícone magistral de figuração; por outro lado, no entanto, uma leitura menos figurativa, ou simultaneamente abstrata em função mesmo da força enunciadora do gesto inicial do soneto, verá ali a tradução encapsulada da própria realização textual. A identificação definitiva de *topos* e *tropo*.

Na verdade, o espaço em que se move o *topos* é mantido em seu trajeto de transformação sendo contaminado por ele: a tradução, *em negativo*, aponta para a permanência do gesto de criação inicial, momento que se produz como força capaz de romper, pela presentificação do fazer, a paralisia do tédio, do esquecimento e da memória. Ou: entre a realidade da construção poética — instante/instância fugaz — e a história, a consciência poética opera a redução fundamental aos próprios interstícios da metamorfose do cisne topológico. O espaço negado agora é tanto o das imagens gélidas quanto o da página que as acolhe, embora o poeta saiba da impossibilidade histórica de sua total abolição.

> Mais non l'horreur du sol où le plumage est pris.

Neste sentido, o terceto final traduz a operação poética em termos de negatividade extrema — estilhaços de todo o percurso.

O esvaziamento topológico é de tal ordem que o que resta é a imagem espectral, mal pousando no espaço da página, som ou sonho que nenhuma "história" exterior ao texto pode resgatar.

> Fantôme qu'à ce lieu son pur éclat assigne,
> Il s'immobilise au songe froid de mépris
> Que vêt parmi l'exil inutile le Cygne.

Desprezo, exílio, imobilidade: o movimento do soneto, quer dizer, toda a sua bela e intensa orquestração (veja-se a extraordinária realização do primeiro verso, em que a pureza perseguida explode no último termo que, sonoramente, contém o próprio *topos*), não é senão o momento lúcido de uma melancólica reflexão sobre a sua própria historicidade. E esta é, sobretudo, a da passagem da história topológica do cisne, consumida pela retórica da poesia, à consciência de sua transformação em elemento (tropológico) deflagrador de uma, ainda, possível, poesia.

4. LEITURA VIVA DO CEMITÉRIO

Do Dez ao Doze: Origens

O aparecimento da versão brasileira do poema de Paul Valéry por Jorge Wanderley coincide com um momento da maior importância na história da obra do poeta francês: a publicação, em forma comercial, dos seus *Cahiers*, reveladores (para quem ainda não lera a edição fac-similar do Centre National de Recherches Scientifiques) de um espantoso escritor que, durante cinqüenta e um anos (1894 a 1945), fora anotando diariamente o movimento de seu espírito inquieto.

Para surpresa da maioria de seus leitores, um escritor autobiográfico, talvez fosse melhor dizer uma linguagem autobiográfica, buscando, sem cessar, os limites da lucidez por entre o esvaziamento das linguagens. Entre o *Ego* e o *Ego Scriptor* dos *Cahiers*, quer dizer, entre a pessoa e a linguagem que a torna presente, o leitor atento acerta o passo para a leitura mais rica de sua poesia.

Foi T. S. Eliot quem escreveu que "a poesia não é um perder-se na emoção mas um escapar da emoção; não é a expressão da personalidade mas uma fuga da personalodade", acrescentando bem depressa: "Porém, de fato, somente aqueles que têm personalidade e emoção sabem o que significa querer escapar dessas coisas".

Na obra de Paul Valéry são mais freqüentes do que se possa imaginar as pistas oferecidas por ele a fim de que o leitor possa ir detectando, aqui e ali, os sinais reveladores deste percurso entre o *Ego* e o *Ego Scriptor*. O que acontece é que, como todo artista possuindo aquela complexidade requerida por Eliot, Paul Valéry jamais pensa em si mesmo independente da operação poética. Até mesmo o último termo, como é sabido, fica devendo alguma coisa, pois trata-se antes de uma larga e longa meditação acerca dos poderes da inteligência *aplicados* ao poema do que uma enclausurada reflexão poética.

No próprio texto que escreveu de comentário às análises de Gustave Cohen sobre o poema, encontra-se uma passagem reveladora da insistência de Valéry sobre a dependência entre dizer e fazer — entidades que terminam respondendo por aqueles pólos do *Ego* já mencionados.

Se pois me interrogam; se se inquietam (como acontece, e às vezes muito vivamente) acerca do que eu "quis dizer" em tal poema, respondo que eu não *quis dizer*, mas quis *fazer*, e que foi a intenção de *fazer* que *quis* o que eu *disse*... (grifos do autor).

Esta dependência justifica o fato de que, se se quer traçar a história do poema agora traduzido, esta deva ser uma história formal que procure dar conta das relações de tensão entre o que ali está feito e o que ali se diz.

Os detalhes exteriores dessa história são bem conhecidos desde que, em 1926, Frédéric Lefèvre publicou *Entretiens avec Paul Valéry*.

Algumas revelações: certos trechos do poema teriam sido escritos quando da composição de "La jeune parque", de 1912 a 1917; uma visita de Jacques Rivière, então um dos diretores da *Nouvelle Revue Française*, responsável pela primeira publicação do poema, na Revista, em 1920; a insistência do poeta na realidade do cemitério de Sète, etc. etc.

Existe, todavia, uma história bem mais interessante: a das origens, por assim dizer, internas. O modo pelo qual se foi elaborando, aos poucos, este longo poema de vinte e quatro estrofes de seis versos. Na verdade, o leitor de agora poderá ficar surpreendido em saber que a organização do poema não era esta que tem diante dos olhos, tal a unidade de composição atingida, onde cada peça parece definitivamente amarrada uma a outra, como se tudo tivesse sido elaborado obedecendo a um traçado imediato, exato e preciso.

A verdade é que a história das transformapões sofridas pelo texto é extraordinariamente acidentada e já foi contada, com pormenores eruditos, por L. J. Austin em "Paul Valéry compose 'Le Cimetière Marin' ", longo ensaio publicado no *Mercure de France,* em 1953.

Para que se tenha uma idéia: existiram três versões anteriores do poema onde as diferenças vão desde o número das estrofes (7, 10 e 23) até variantes fundamentais de versos que hoje parecem absolutamente intocáveis. E L. J. Austin afirma que Valéry via o que hoje chamamos de versão definitiva — esta que o leitor lê agora — como ainda um esboço daquilo que mereceria correções, acréscimos, diminuições. Um texto, enfim, *para o autor,* ainda não suficientemente acabado, pronto. E o próprio Paul Valéry deixou registrada a sua insatisfação no precioso "Au sujet du 'Cimetière Marin' ", com que prefaciou as análises de Gustave Cohen a que já me referi. Ali está dito:

É preciso dizer, antes de tudo, que o *Cemitério Marinho, tal qual ele está, é para mim* o resultado do *seccionamento* de um trabalho interior por um acontecimento fortuito. Numa tarde do ano de 1920, nosso amigo muito pranteado, Jacques Rivière, vindo visitar-me, encontrou-me em um "estado" deste *Cemitério Marinho,* cuidando de retocar, de suprimir, de substituir, de intervir aqui e ali...

Ele não sossegou enquanto não o leu; e tendo-o lido, enquanto não o arrebatou. Nada é mais decisivo do que o espírito de um diretor de revista.

Foi assim que por acidente foi fixada a figura desta obra. Não foi um feito meu. De resto, não posso em geral voltar sobre o que quer que eu tenha escrito que não pense que faria outra coisa se alguma intervenção estranha ou alguma circunstância qualquer não tivesse rompido o encantamento de não terminar [grifos do autor].

Desfeito o encanto, aí está o poema, trazendo a marca, contudo, de uma insatisfação explícita do autor que não é dada ao crítico desconhecer. Não para que se sirva disto a fim de realizar uma leitura paralela à do autor: a sua deve ser feita a partir daquilo que se apresenta como poema e não daquilo que, por acaso, tenha ficado vagando nas intenções conscientes do poeta. Por isso mesmo, o que mais interessa no estudo erudito de L. J. Austin é a possibilidade de invariantes, quer dizer, daquilo que, no poema, permaneceu através das modificações sucessivas. E estas existem.

Para começar, aquilo que, para Valéry, era fundamental não foi modificado: refiro-me ao esquema rítmico e métrico adotado. Desde a primeira versão do poema — a de sete estrofes —, trata-se de um texto escrito em decassílabos com acentuação regular, obedecendo ao sistema de rimas AABCCB, em que B é sempre masculina, isto é, aguda ou oxítona, e as demais femininas, isto é, graves ou paroxítonas.

A utilização do decassílabo era, na verdade, a retomada pelo poeta de uma tradição métrica que havia sido relegada pelo uso generalizado, em seu tempo, do alexandrino. Mais ainda: como está dito em suas reflexões sobre o poema, a *figura* do texto, "une figure rythmique vide", foi, desde o início, decassilábica. Ou, segundo o próprio Valéry:

> Observei que esta figura era decassilábica e fiz algumas reflexões sobre este tipo muito pouco empregado na poesia moderna; parecia-me pobre e monótono. Era pouca coisa comparado ao alexandrino que três ou quatro gerações de grandes artistas elaboraram prodigiosamente. O demônio da generalização sugeria tentar levar este *Dez* à potência do *Doze* [grifos do autor].

Estava tomado o caminho: a transformação de um esquema métrico "pobre e monótono" em alguma coisa que fosse capaz de suportar um larga meditação acerca das tensões entre os reinos da afetividade, da emoção e da inteligência. Do Dez ao Doze: origens do poema.

Da Estrutura às Secretas Alterações

Publicado em livro, pela primeira vez, em agosto de 1920, "Chez Émile Paul Frères sur la Place Beauvau à Paris", dois meses depois de seu aparecimento na *Nouvelle Revue Française,* o poema toma a sua figura definitiva, trazendo inclusive a epígrafe de Píndaro que ora vai acompanhá-lo ora não nas numerosas edições que se seguem. E que figura é esta?

Como já se disse, a de um texto constituído de vinte e quatro estrofes de seis versos, onde cada uma tem a sua acidentada história de variantes, posição no espaço do poema, inversões e deslocamentos de versos.

Existem, entretanto, duas exceções, de acordo com as pesquisas de L. J. Austin: as estrofes treze e quatorze que atravessaram incólumes os diversos estágios da composição.

Estas duas estrofes [afirma Austin] presentes desde o início, e que contêm o tema central do poema, a oposição entre o Absoluto e o Relativo, entre a Morte e a Vida, não têm história: ficarão sempre no centro do poema e não possuirão variantes essenciais.

Mesmo deixando de lado a leitura radicalmente temática de Austin, é possível dizer, no entanto, que o poema possui, de fato, algo como um centro geométrico: o seu núcleo, o eixo de onde partem as várias modulações do texto. Para trás e para a frente: a estrutura e suas secretas alterações. Senão, vejamos:

XIII. Os mortos vão bem, guardados na terra
Que os aquece e os mistérios lhes encerra.
O meio-dia imóvel na amplidão
Pensa em si mesmo e se vê satisfeito...
Completa fronte, diadema perfeito,
Eu sou em ti secreta alteração.

XIV. Só tens a mim para te proteger!
Remorsos, dúvidas que eu conhecer,
Do teu grande diamante são defeitos...
Mas uma noite pesada de mármores
Um povo errante entre raízes de árvores
Tem lentamente o teu partido aceito.

Estas duas estrofes possuem, na verdade, elementos que permitem afirmar a sua função estruturadora no poema: vistos a partir delas, os momentos anteriores ou posteriores ganham uma maior intensidade e são melhor interpretados.

De fato, aquilo que, desde uma primeira leitura, vai ficando claro para o leitor atento, isto é, o jogo entre a imobilidade e o movimento, percebido por uma consciência que se esforça por manter a tensão entre os dois termos contraditórios, aqui recebe a sua designação mais precisa, atingindo o ponto de saturação num movimento de auto-reflexividade devastador. Cemitério e mar, imagens transladoras daqueles dois termos são, nestas estrofes, vinculados pela insidiosa presença da consciência poética que está no último verso da estrofe treze:

Je suis en toi le secret changement.

Transformado por tudo o que no poema até ali foi dito, este *je* aponta para a realização efetiva do poema enquanto mediação entre os estados de emoção e de afetividade e aquele outro, soberano, que se quer atuante, o da inteligência e da reflexão criadoras.

Por outro lado, exatamente por ser *secreta*, a alteração implica aquilo que se esconde nas próprias dobras do texto: o que muda não é tão-só a paisagem, ou os modos de relacionamento dessa paisagem de contradições, mas a maneira de ir conferindo significações aos estágios de compreensão da mudança. A imagem solar que está entre os terceiro e quarto versos da estrofe treze,

> Midi là-haut, Midi sans mouvement
> En soi se pense et convient à soi-même...

reproduz a "centralidade" da estrofe com relação ao poema: a auto-satisfação que define a intensidade do meio-dia situa-se entre o cemitério, instante de completa anulação, e aquela

> Tête complète et parfait diadème

que, sendo uma qualificação do meio-dia, é, não obstante, o seu desdobramento reflexivo, movimentado pelo último verso.

Sendo assim, a estrofe não somente resume tematicamente o poema, como quer L. J. Austin, mas reduplica, espelha o seu jogo mais secreto, instaurando uma espécie de diagrama por onde são reveladas a estrutura e suas modificações. (De resto, não é preciso muita sabedoria para se ter presente a importância do espelho, do reflexo, na obra de Valéry. Basta lembrar o ensaio agudo de Elizabeth Sewell, "Paul Valéry, the Mind in the Mirror".) É na estrofe quatorze, todavia, que as *alterações* recebem um tratamento mais desenvolvido: instaurado o jogo da especulação (especular, espelhar), tanto o *tu* quanto o *moi*, do primeiro verso, são incluídos na trama da auto-reflexividade, ambos orientados para um mesmo objeto que não é outro senão o próprio poema que agora se escreve. Na verdade, os segundo e terceiro versos desta estrofe,

> Mes repentirs, mes doutes, mes contraintes
> Sont le défaut de ton grand diamant...

registram a precariedade do poema — instrumento de mediação que movimenta, mobiliza, e, por isso, reduz a eficácia, a pureza, daquilo que se situa para além de qualquer nomeação.

A "impureza" do poema, tecido instável de "remorsos", "dúvidas" e "dificuldades", é o pólo inevitável para o qual aponta o exercício da inteligência que se propõe apreender, pela linguagem, a perfeição da imobilidade absoluta. Poema: linguagem em movimento. Signo imantado que, de modo inevitável, arrasta para a sua viagem o que a reflexão abstrata pode manter entre parênteses.

De fato, os termos utilizados no segundo verso descrevem a parábola do exercício poético: entre a pureza do "grande diamante" e a aceitação daqueles que, sob a proteção da "noite pesada de mármores", encontraram o instante absoluto, está o poema que recusa o "vago" e constrói a sua teia de impasses entre um "povo errante".

Portador do movimento, desde que linguagem, o poema não só *constrói* a sua teia mas ainda *destrói* a possibilidade do absoluto. A recusa do "vago", contraposto à aceitação do "povo errante", determina os limites dentro dos quais o poema se incrusta como mediador.

Entre o movimento e a imobilidade, Parmênides e Heráclito que aparecem relidos pelo poeta e confundidos pela poesia na utilização de Píndaro e Zenão, o poema encontra o seu destino de linguagem: aquilo que transita entre o Absoluto e o Relativo, quer dizer, entre o Silêncio e a Palavra.

Na verdade, depois de longos anos de silêncio que se passaram entre os textos incluídos no "Album de vers anciens" e o estouro de "La jeune parque", de 1892 a 1917, os poemas de "Charmes" refletem, das mais diversas maneiras, essa "mente no espelho" (Sewell) que a partir de então retoma o exercício da linguagem da poesia. Sob esta perspectiva, as duas estrofes aqui examinadas estabelecem os parâmetros não só da poesia de "Le Cimetière Marin" mas de toda a Poética de Paul Valéry.

Uma poética da auto-reflexividade que encontra neste poema de 1920 o seu mais preciso "correlativo objetivo", para dizer com T. S. Eliot: "um conjunto de objetos, uma situação, uma cadeia de acontecimentos que devem ser a fórmula desta emoção *particular*; de tal modo que quando os fatos externos, que devem terminar na experiência sensorial, são dados, a emoção é imediatamente evocada" [grifo do autor].

Quer dizer: um módulo de articulação em que a intensidade do objeto poético — emoções, afetividades, imagens e memórias que são nomeadas pelo poema — é traduzida pela linguagem e retraduzida pela consciência poética.

Dois níveis de tradução, portanto: aquele que, numa primeira leitura revela a transformação da experiência mediterrânea de Sète num motivo para a meditação através do poema e aquele que implica na reflexão sobre os próprios limites da transitividade entre experiência e poema. A passagem de um para outro nível, num contexto de inclusão permanente que é o contexto poético, é o que, sem dúvida, torna o poema denso, exigindo do leitor uma constante reduplicação de seus termos.

Em outras palavras, a consciência poética, perigoso alimento de toda a poesia moderna, obriga o leitor à perda sistemática da "ingenuidade": para que ele possa apreender o que se esconde por trás da luminosidade do *Midi* em oposição à noite do *Cimetière* não basta a leitura daqueles termos que registram a experiência adolescente do poeta às margens do mediterrâneo. Mais do que isso, urge a compreensão do modo pelo qual foi possível transformar aquela experiência numa forma em que os espaços do *dizer* e do *fazer*, segundo a própria expressão de Valéry, pudessem ser aglutinados sem a perda de suas virtualidades sensíveis.

Escrevendo sobre "La jeune parque", Gaëtan Picon soube acentuar, de modo exato, o que, para o leitor de Valéry, significa este movimento de reduplicação: "Em todo caso, *La Jeune Parque*, exercício da consciência poética, obriga-nos a tomar consciência de nosso sentimento da poesia". Por isso mesmo, não obstante a sua importância como momento que veio a marcar todas as posteriores leituras do poema, a análise de Gustave Cohen, em "Essai d'Explication du Cimetière Marin", sofre de uma limitação básica: a divisão do poema em quatro etapas, embora sirva para esclarecer as suas variações temáticas, deixa de lado o aspecto substancial da forma auto-reflexiva que seria um quinto momento controlador e problematizador dos demais. Problematizador: aquele sem o qual os outros acabam reduzidos à condição de fases de uma meditação "filosófica".

Examine-se de mais perto a divisão sugerida por Gustave Cohen. Segundo ele, o poema admitiria uma divisão em quatro momentos: a) imobilidade do Não-Ser ou Nada Eterno e Inconsciente (estrofes I-IV); b) imobilidade do Ser Efêmero e Consciente (estrofes V-VIII); c) Morte ou Imortalidade? (estrofes IX-XVIII) e d) triunfo do momentâneo e do sucessivo, da mudança e da criação poética (estrofes XIX-XXIV).

Como toda leitura excessivamente preocupada em fisgar o significado do texto, esquematizando para clarificar, a divisão proposta por Cohen termina por não levar em conta todo aquele movimento de segurança e hesitação que faz com que o poema *não* possua essa linearidade de etapas que a divisão faz parecer. A busca pelo significado leva à perda da estrutura: é claro, todavia, que toda a leitura termina sendo uma procura pelo significado, mas este não pode ser revelado sem uma estação pelos emaranhados caminhos da estrutura do poema, veredas e sertões da linguagem. A operação é antes a do revezamento contínuo: entre significado e significante, cuja relação é a estrutura, o poema desloca constantemente os dados do jogo da linguagem.

Por isso, a pergunta pelo significado inclui solidariamente a outra: a pergunta pela estrutura, o modo através do qual o *dizer* foi possível. Na verdade, ao comentar as análises de Cohen, o próprio Paul Valéry procurou acentuar as relações de dependência que vinculam as estrofes:

> Entre as estrofes [diz ele] contrastes ou correspondências deviam ser instituídos. Esta última condição exigiu de imediato que o poema possível fosse um monólogo do *eu,* no qual os temas mais simples e os mais constantes de minha vida afetiva e intelectual, tais como se tinham impostos à minha adolescência e associados ao mar e à luz de um certo lugar das margens do Mediterrâneo, fossem evocados, tramados, opostos... Tudo isto levava à morte e ao pensamento puro. (O verso escolhido de dez sílabas tem alguma relação com o verso dantesco.) (grifo do autor).

Vê-se, deste modo, como o jogo das oposições e dos contrastes é básico para a apreensão da *forma* do poema, isto é, da maneira pela qual a articulação entre *dizer* e *fazer* tornou-se possível. De outro modo — e isto seria fatal na leitura de um poema como este — cai-se, como ocorre, em boa parte, com Gustave Cohen, na decifração "filosófica".

Ora, aquele "pensamento puro" referido por Valéry tem, por certo, muito mais a ver com o trabalho problematizador da consciência poética do que com uma hipotética significação "filosófica" do poema. Se mais fosse preciso para elucidar a trama de significados e significantes no poema, bastaria atentar para a observação de Valéry acerca do verso escolhido que está entre parênteses. A reflexão que o poema encerra (ou descerra?) é vinculada a toda uma tradição poética: a presença de Dante, em termos de escolha rítmica e métrica, equivale à presença de Píndaro na epígrafe ou à de Zenão no corpo do texto.

O que isso tudo vem revelar ao olho vivo do leitor é bem radical: o encontro de um "correlativo objetivo", tal como ele é definido por Eliot, pode e deve importar, para a modernidade, em mais do que uma façanha de ordem pessoal, na intensificação da própria historicidade da poesia.

Historicidade e não historicismo: a discussão interna das viabilidades da linguagem poética que termina apontando para a radicação do poeta no Tempo. É o que se perde na leitura bem intencionada de Gustave Cohen.

Fica-se com o desenho vago de uma "filosofia" linear, discursiva, descarnada de toda a enorme, magistral, intensidade que Valéry soube emprestar aos modos de relacionamento (sempre precários) entre o afetivo, o emotivo e o intelectual. Grupos de estrofes que possuem, cada um, o seu significado: quando o poema é, todo ele, uma metáfora em expansão, fazendo convergir para um centro de hesitações rítmicas e imagéticas a descoberta das possibilidades da linguagem da poesia. Por isso, a divisão proposta não dá conta de certos momentos que não se ajustam à simetria da classificação.

Assim, por exemplo, por que incluir a estrofe oitava no segundo momento quando ela já contém, intenso, o movimento especular que se viu ser fundamental nas estrofes centrais do texto e em todo o poema? Na verdade, o triunfo do momentâneo, do sucessivo, da mudança e da criação poética, apontado por Gustave Cohen como pertencendo ao último momento, já se acha incluso em estrofes anteriores, pois que se trata, como já se disse, da própria maquinação secreta do poema. Se não, leia-se a estrofe oitava:

> VIII. Só para mim, exclusividade extrema,
>   Perto de um peito, às fontes do poema,
>   Dividido entre o vácuo e o fato puro,
>   Quero escutar minha grandeza interna,
>   Amarga, escura e sonora cisterna,
>   N'alma um vazio som, sempre futuro!

Desde o início, a estrofe antecipa aquela auto-satisfação do *Midi* que está na estrofe treze: o encontro da linguagem consigo mesma (mais do que do poeta consigo) intervém como espaço criador das hesitações do significado. Refletido por entre as emoções extremas que a memória possibilita, o poema cava o espaço de vertigem propiciatório que está nos dois versos centrais da estrofe:

> Entre le vide et l'événement pur,
> J'attends l'echo de ma grandeur interne

O poema como eco: aquilo que ressoa por entre as estilhaçadas memórias de sensações e emoções retidas pela consciência que ainda não é poética. Será, poderá ser: quando no horizonte do texto, esgotado aquele "campo do possível" pindárico, a organização do poema for toda ela um ressoar de antecipações:

> Sonnant dans l'âme un creux toujours futur!,

como se diz no último verso desta estrofe.

Lidos assim, como permanentes ecos de versos que dizem se fazendo por entre as estrofes *tramadas* e *opostas*, segundo o próprio roteiro do poeta, Cemitério e Mar, Absoluto e Relativo, Silêncio e Palavra não são mais do que figuras tortuosas de uma só e única figura que impõe o movimento: o poema.

Envoi

A tradução: a leitura interna do movimento nos interstícios do texto. A crítica como tradução. A tradução como crítica. Leituras.

LE CIMETIÈRE MARIN

Ce toit tranquille, où marchent des colombes,
Entre les pins palpite, entre les tombes;
Midi le juste y compose de feux
La mer, la mer, toujours recommencée!
O récompense après une pensée
Qu'un long regard sur le calme des dieux!

Quel pur travail de fins éclairs consume
Maint diamant d'imperceptible écume,
Et quelle paix semble se concevoir!
Quand sur l'abîme un soleil se repose,
Ouvrages purs d'une éternelle cause,
Le Temps scintille et le Songe est savoir.

Stable trésor, temple simple à Minerve,
Masse de calme, et visible réserve,
Eau sourcilleuse, Œil qui gardes en toi
Tant de sommeil sous un voile de flamme,
O mon silence!... Édifice dans l'âme,
Mais comble d'or aux mille tuiles, Toit!

Temple du Temps, qu'un seul soupir résume,
A ce point pur je monte et m'accoutume,
Tout entouré de mon regard marin;
Et comme aux dieux mon offrande suprême,
La scintillation sereine sème
Sur l'altitude un dédain souverain.

Comme le fruit se fond en jouissance,
Comme en délice il change son absence
Dans une bouche où sa forme se meurt,
Je hume ici ma future fumée,
Et le ciel chante à l'âme consumée
Le changement des rives en rumeur.

Beau ciel, vrai ciel, regarde-moi qui change!
Après tant d'orgueil, après tant d'étrange
Oisivité, mais pleine de pouvoir,
Je m'abandonne à ce brillant espace,
Sur les maisons des morts mon ombre passe
Qui m'apprivoise à son frêle mouvoir.

O CEMITÉRIO MARINHO

> *Ó minha alma, não aspira à vida imortal,*
> *mas esgota o campo do possível.*
>
> Píndaro, *Píticas, III.*

Esse teto tranqüilo, onde andam pombas,
Freme em tumbas e pinhos, quando tomba
Pleno o Meio-Dia e cria, abrasado,
O mar, o mar, sempre recomeçado!
Ó recompensa, após o ter pensado,
O olhar à paz dos deuses, prolongado!

Que labor de lampejos se consuma
Plural diamante de furtiva espuma
E a paz que se parece conceber!
Quando no abismo um sol procura pausa,
Pura obra-prima de uma eterna causa,
O Tempo cintila e o Sonho é saber.

Tesouro estável, templo de Minerva,
Massa de calma e visível reserva,
Mar soberano, olho a guardar secreto
Sob um véu de chama o sono que acalma,
Ó meu silêncio!... Edifício em minh'alma
Dourado cume de mil telhas, Teto

Templo do Tempo, expresso num suspiro
Chegado ao alto eu amo o meu retiro,
De todo envolto em meu olhar marinho;
E como aos deuses melhor doação,
Semeia a serena cintilação
Desdém soberbo em meu alto caminho.

Como no gozo o fruto se dissolve,
E em delícia sua ausência se resolve
Na boca em que se extingue sua forma,
Sorvo aqui o futuro dos meus fumos,
E canta o céu, à alma que consumo,
As margens que em rumores se transformam.

Belo céu, vero céu me transfiguro
Depois de tanto orgulho e estranho e impuro
Lazer — mesmo com forças a contento —
Eu me abandono ao reluzente espaço
E ao lar dos mortos, feito sombra, passo
Confinado a seus débeis movimentos.

L'âme exposée aux torches du solstice,
Je te soutiens, admirable justice
De la lumière aux armes sans pitié!
Je te rends pure à ta place première:
Regarde-toi!... Mais rendre la lumière,
Suppose d'ombre une morne moittié.

O pour moi seul, à moi seul, en moi-même,
Auprès d'un cœur, aux sources du poème,
Entre le vide et l'événement pur,
J'attends l'écho de ma grandeur interne,
Amère, sombre et sonore citerne,
Sonnant dans d'âme un creux toujours futur!

Sais-tu, fausse captive des feuillages,
Golfe mangeur de ces maigres grillages,
Sur mes yeux clos, secrets éblouissants,
Quel corps me traine à sa fin paresseuse,
Quel front l'attire à cette terre osseuse?
Une étincelle y pense à mes absents.

Fermé, sacré, plein d'un feu sans matière,
Fragment terrestre offert à la lumière,
Ce lieu me plaît, dominée de flambeaux,
Composé d'or, de pierre et d'arbres sombres,
Où tant de marbre est tremblant sur tant d'ombres;
La mer fidèle y dort sur mes tombeaux!

Chienne splendide, écarte d'idolâtre!
Quand solitaire au sourire de pâtre,
Je pais longtemps, moutons mystérieux,
Le blanc troupeau de mes tranquilles tombes,
Éloignes-en les prudentes colombes,
Les songes vains, les anges curieux!

Ici venu, l'avenir est paresse.
L'insecte net gratte la sécheresse;
Tout est brulé, défait, reçu dans l'air
A je ne sais quelle sévère essence...
La vie est vaste, étant ivre d'absence,
Et l'amertume est douce, et l'esprit clair

Às tochas do solstício a alma aceita
E bem defende a justiça perfeita
Da luz, com suas armas sem piedade!
Torno-te, em teu lugar de origem, pura;
Mas olha!... Ter a luz por criatura
Supõe de sombra uma triste metade.

Só para mim, exclusividade extrema,
Perto de um peito, às fontes do poema,
Dividido entre o vácuo e o fato puro,
Quero escutar minha grandeza interna,
Amarga, escura e sonora cisterna,
N'alma um vazio som, sempre futuro!

Ó falso prisioneiro da folhagem,
Golfo que engole as grades em ramagem,
Vês nos meus olhos segredos ardentes,
Que corpo ao seu fim ocioso me impele,
Que fronte aos ossos da terra o compele?
Uma centelha lembra meus ausentes.

Fechado, sacro, em fogo imaterial,
Terreno ofertado à luz matinal,
Pleno de chamas — amo este lugar,
Composto em ouro e pedra, sombras, árvores
Onde por sobre sombras treme o mármore;
Sobre as tumbas, fiel, repousa o mar!

Cão esplendente, afasta adoradores!
Quando sozinho, em riso de pastores
Calmo apascento ovelhas misteriosas,
Rebanho branco de tumbas quiescentes,
Afasta logo essas pombas prudentes,
E os sonhos vãos e os anjos curiosos!

Aqui chegado, é preguiça, o futuro,
Toda a secura arranha, o inseto puro;
Queimado e findo é tudo ao ar doado
E a alguma que não sei, severa essência...
A vida é ampla, quando ébria de ausência
Doce a amargura, o espírito aclarado.

Les morts cachés sont bien dans cette terre
Qui les réchauffe et sèche leur mystère,
Midi là-haut, Midi sans mouvement
En soi se pense et convient à soi-même...
Tête complète et parfait diadème,
Je suis en toi le secret changement.

Tu n'as que moi pour contenir tes craintes!
Mes repentirs, mes doutes, mes contraintes
Sont le défaut de ton grand diamant...
Mais dans leur nuit toute lourde de marbres,
Un peuple vague aux racines des arbres
A pris déjà ton parti lentement.

Ils ont fondu dans une absence épaisse,
L'argile rouge a bu la blanche espèce,
Le don de vivre a passé dans les fleurs!
Où sont des morts les phrases familières,
L'art personnel, les âmes singulières?
La larve file où se formaient des pleurs.

Les cris aigus des filles chatouillées,
Les yeux, les dents, les paupières mouillées,
Le sein charmant qui joue avec le feu,
Le sang qui brille aux lèvres qui se rendent,
Les derniers dons, les doigts qui les défendent,
Tout va sous terre et rentre dans le jeu!

Et vous, grande âme, espérez-vous un songe
Qui n'aura plus ces couleurs de mensonge
Qu'aux yeux de chair l'onde et l'or font ici?
Chanterez-vous quand serez vaporeuse?
Allez! Tout fuit! Ma présence est poreuse,
La sainte impatience meurt aussi!

Maigre immortalité noire et dorée,
Consolatrice affreusement laurée,
Qui de la mort fais un sein maternel,
Le beau mensonge et la pieuse ruse!
Qui ne connaît, et qui ne les refuse,
Ce crâne vide et ce rire éternel!

Os mortos vão bem, guardados na terra
Que os aquece e os mistérios lhes encerra.
O meio-dia imóvel na amplidão
Pensa em si mesmo e se vê satisfeito...
Completa fronte, diadema perfeito,
Eu sou em ti secreta alteração.

Só tens a mim para te proteger!
Remorsos, dúvidas que eu conhecer,
Do teu grande diamante são defeitos...
Mas numa noite pesada de mármores
Um povo errante entre raízes de árvores
Tem lentamente o teu partido aceito.

Eles se apagam numa ausência franca,
Bebeu a argila rubra a espécie branca.
O dom da vida em flores se recria!
Dos mortos, onde as frases familiares
As artes próprias, almas singulares?
E fia a larva onde o pranto nascia.

Os gritos das donzelas excitadas,
Os olhos, dentes, pálpebras molhadas,
O seio, encanto que brinca com fogo,
O sangue, luz nos lábios que se rendem,
Os bens finais e os dedos que os defendem,
Tudo retorna à terra e ao mesmo jogo!

E tu, grande alma, por um sonho esperas
Que já não tem as cores das quimeras
Que a humanos olhos o ouro e a onda trazem?
Cantarás, quando apenas vaporosa?
Tudo me foge à presença porosa,
Sagradas ânsias também se desfazem!

Magra imortalidade, negra e de ouro,
Consoladora horrível em seus louros,
Que fazes da morte um seio materno,
Bela mentira, a cilada mais pia,
Quem não conhece e quem não repudia
O crânio oco, este sorrir eterno?

Pères profonds, têtes inhabitées,
Qui sous le poids de tant de pelletées,
Êtes la terre et confondez nos pas,
Le vrai rongeur, le ver irréfutable
N'est point pour vous qui dormez sous la table,
Il vit de vie, il ne me quitte pas!

Amour, peut-être, ou de moi-même haine?
Sa dent secrète est de moi si prochaine
Que tous les noms lui peuvent convenir!
Qu'importe! Il voit, il veut, il songe, il touche!
Ma chair lui plaît, et jusque sur ma couche,
A ce vivant je vis d'appartenir!

Zénon! Cruel Zénon! Zénon d'Élée!
M'as-tu percé de cette flèche ailée
Qui vibre, vole, et qui ne vole pas!
Le son m'enfante et la flèche me tue!
Ah! le soleil... Quelle ombre de tortue
Pour l'âme, Achille immobile à grands pas!

Non, non!... Debout! Dans l'ère successive!
Brisez, mon corps, cette forme pensive!
Buvez, mon sein, la naissance du vent!
Une fraîcheur, de la mer exhalée,
Me rend mon âme... O puissance salée!
Courons à l'onde en rejaillir vivant!

Oui! Grande mer de délires douée,
Peau de panthère et chlamyde trouée
De mille et mille idoles du soleil,
Hydre absolue, ivre de ta chair bleue,
Qui te remords l'étincelante queue
Dans un tumulte au silence pareil,

Le vent se lève!... il faut tenter de vivre!
L'air immense ouvre et referme mon livre,
La vague en poudre ose jaillir des rocs!
Envolez-vous, pages tout éblouies!
Rompez, vagues! Rompez d'eaux réjouies
Ce toit tranquille où picoraient des focs!

Profundos pais, cabeças desertadas,
Sob o peso e o tratado das enxadas
Sois a terra, e os passos nos perturbais;
O irrefutável roedor, o verme,
Não é para vós, que dormis inermes,
É para a vida e não me deixa mais!

Amor, talvez, ou ódio é que o anima?
Tanto o seu dente oculto se aproxima
Que os nomes todos lhe são convenientes!
Que importa? Ele vê, sonha, quer, reclama!
Ama-me a carne, e mesmo em minha cama
A este ser pertenço eternamente!

Zenão, Zenão de Eléia, desumano!
Feriste-me de um dardo alado e insano
Que voa e está inerte nos espaços!
Gera-me o som, rouba-me o dardo a vida!
Ó sol... Que tartaruga à alma surgida,
Ver Aquiles imóvel nos seus passos!

Não, não!... De pé!... Às horas sucessivas!
Quebra, meu corpo, a forma pensativa!
Bebe, meu seio, a brisa renascida!
Um novo frescor, do mar exalado
Devolve-me a alma... Ó poder salgado!
Vamos à onda, ao ímpeto da vida!

Sim! Grande mar de delírios dotado,
Pele de pantera manto rasgado
É por mil ídolos do sol ferido,
Ébria da carne azul, hidra absoluta
Que em luz a própria cauda morde e luta
Num tumulto ao silêncio parecido,

Eis se ergue o vento!... Há que tentar viver!
O ar me abre e fecha o livro que ia ler;
Vaga audaciosa, às rochas te esfacelas!
Pois voa, página que enlouqueceste!
Rompei, vagas, de águas felizes, este
Teto tranqüilo onde bicavam velas!

5. PRESENÇA DE JORGE GUILLÉN

1.

Começo por uma afirmação redundante: Jorge Guillén é um poeta moderno. Mas redundante apenas se pensada em termos de cronologia. Na verdade, a afirmação de modernidade de um poeta é traço de definição bem mais complexo do que a simples demarcação temporal. Sem deixar de ser isto, a modernidade pode ser pensada como a convergência de elementos que caracterizam uma realização poética específica.

Sendo assim, quando digo que Guillén é um poeta moderno estou pensando naquilo que, em sua obra, é capaz de articular uma definação da modernidade na poesia. Evidentemente, não há acordo com respeito a isto: as definições de modernidade, freqüentemente marcadas por uma preocupação exclusivamente diacrônica, tendem a esquecer o que, na própria expressão, indica uma certa qualidade da poesia.

A poesia moderna não é simplesmente aquela que se situa numa determinada faixa temporal: digamos a partir da segunda metade do século XIX; mas aquela que torna inseparável da poesia a problematização dos modos de relacionamento entre poeta e linguagem que, a partir daquele momento, entram em crise. Neste sentido, o poema moderno é impensável sem a noção de crise: ruptura. Não é, entretanto, uma crise que seja somente tematizada pelo poema (embora um dos elementos freqüenttes de realização) mas que, interiorizada pelo poema, aponta para a consciência do poeta. Por isso, o poeta moderno é, sobretudo, aquele que faz da linguagem *do poema* a linguagem *da poesia*. A metalinguagem no poema moderno deve, por isso, ser entendida como o modo pelo qual, através do consumo da linguagem da poesia, o poeta continua a repensar, no poema, as dimensões da realidade. Não há modernidade na poesia sem esta estratégia: a linguagem do poema é a afirmação de uma crise da linguagem que, por sua vez, espelha a ruptura para com os mecanismos de representação da realidade.

Talvez possa parecer exagerado estabelecer um equacionamento deste tipo com referência a um poeta, como Jorge Guillén, cujo centro da obra orbita em torno do Canto, Cântico, trazendo a marca de uma confiança, de uma alegria, que já foram objeto de estudos os mais diversos. Será? A afirmação da linguagem da poesia será necessariamente a negação de uma consciência para com aquela crise antes referida? Não: a meu ver, ao contrário do que possa parecer, a existência e a perseguição do Canto antes revela precisamente o esforço (problemático) de assumir a linguagem da poesia como instrumento ainda capaz de, transformado em poema, instaurar o espaço para a nomeação da realidade. Nomeação poética: atenta para com os deslizamentos entre linguagem e realidade e, por isso mesmo, abrindo sulcos de suspeita nas relações entre poeta e linguagem da poesia.

Cantar a realidade não significa, necessariamente, abolir os precários vínculos de consciência que se interpõem entre o poeta e a linguagem desde que o poema resultante traga a marca de uma construção laboriosamente conquistada. O Canto pode ser — como é em Ezra Pound — uma forma continuada de exploração dos limites da própria poesia. Neste sentido, o poeta-cantor é aquele que investe na poesia tudo o que importa enquanto manifestação de uma existência articulada pela linguagem. O Canto é a linguagem: cantar não significa aceitar a realidade mas antes rasgar espaços em que a poesia se possa instalar como realidade.

Para Jorge Guillén, o Canto não é uma forma de anular os significados da realidade, mas acrescentá-los de uma qualidade que somente a linguagem da poesia pode satisfazer: em cada poema, a aceitação do real é uma decorrência da conquista de um espaço de nomeação poética. Por isso, à medida em que se lê a obra de Guillén, a cada momento se é assaltado pela confiança: a linguagem da poesia, de sua poesia, é uma afirmação da vitória possível da articulação entre poeta e realidade. Não há, contudo, passividade nesta articulação, pois a dependência estreita entre a existência e a nova realidade, criada pelo poema, impede a aceitação pura e simples.

Só é realidade, para Jorge Guillén, aquilo que, no poema, condensa a diversidade da existência pela efetivação da linguagem. O Cantor é um operador da linguagem mas, ao mesmo tempo, seu servo.

Logo no início das admiráveis páginas que escreveu sobre Gabriel Miró, em *Lenguaje y Poesía*, diz Guillén:

> Una obra literaria se define tanto por la actitud del escritor ante el mundo como por su manera de sentir y entender el lenguaje. Las palabras del escritor son a veces justas, a veces pobres. No se dice bien una vida interior tan rica como la del místico o la del visionario. Esa situación no es frecuente. Muchos poetas hay — tal vez la mayoría — que ven en su idioma el mejor amigo. Así, por ejemplo, Góngora. Sin una gran fe en las palabras no las habría buscado y elegido con tanto fervor [1].

Não se lerá corretamente Jorge Guillén se não se levar em conta isto: a paixão pelo mundo, revelada em tantos de seus textos, é uma paixão de poeta, vale dizer, recoberta pela "fe en las palabras". Fervor é bem um termo que se ajusta, tanto quanto na sua descrição de Góngora, para o seu relacionamento com a linguagem.

Todavia, como grande poeta moderno que é, Guillén sabe crer desconfiando. O seu fervor não despreza, antes convoca, o engenho e a arte. Ele sabe — e *Lenguaje y Poesía* dá provas disto — que a tradição da poesia espanhola não é a da ingenuidade. Escrevendo sobre Gonzalo de Berceo, ali está a nota esclarecedora: "La poesía española se inaugura (...) como obra de arte, no como ingenuidad aniñada".

Mas a poesia como arte não significa a sua separação

---

1. *Lenguaje y Poesía: alguns casos españoles*, Madrid, Alianza Editorial, 1969, p. 145.

da turva existência dos sentidos, passando a perseguir um estado de pureza jamais atingido: "La poesía existe atravesando, iluminando toda suerte de materiales brutos".

Não é, por isso, sem razão que já o segundo poema de *Cántico* seja "Los nombres". Para o poeta, à fugacidade das coisas corresponde o trânsito da linguagem: nomear poeticamente significa encontrar-se com o princípio fundamental da própria linguagem. As coisas já têm nomes: compete ao poeta descobrir a inadequação entre as coisas e os nomes.

> *Albor. El horizonte*
> *Entreabre sus pestañas*
> *Y empieza a ver. ¿Qué? Nombres.*
> *Están sobre la pátina*
>
> *De las cosas. La rosa*
> *Se llama todavía*
> *Hoy rosa, y la memoria*
> *De su tránsito, prisa,*
>
> *Prisa de vivir más.*
> *A largo amor nos alce*
> *Esa pujanza agraz*
> *Del Instante, tan ágil*
>
> *Que en llegando a su meta*
> *Corre a imponer Después.*
> *Alerta, alerta, alerta,*
> *Yo seré, yo seré.*
>
> *¿Y las rosas? Pestañas*
> *Cerradas: horizonte*
> *Final. ¿Acaso nada?*
> *Pero quedan los nombres* [2].

A existência dos nomes é, assim, tão transitória quanto aquela que cava, sob os pés do poeta, o abismo do nada: a vontade de ser pela linguagem transforma aquele *horizonte / final* no horizonte da poesia. Não a arte da nomeação mas a da descoberta do vazio que possibilitará o poema. Ou, como diz esse outro grande poeta moderno, Octavio Paz:

---

2. *Aire Nuestro Cántico, Clamor, Homenage,* Milão, All'Insegna del Pesce d'Oro, 1968, p. 36.

El poeta no es el que nombra las cosas, sino el que disuelve sus nombres, el que descubre que las cosas no tienen nombre y que los nombres con que las llamanos no son suyos. La crítica del paraíso se llama lenguaje: abolición de los nombres propios; la crítica del lenguaje se llama poesía: los nombres se adelgazan hasta la transparencia, la evaporación[3].

Eis o traço fundamental de modernidade de Jorge Guillén: ele sabe que este é um arriscado jogo da linguagem; ele aceita o risco: e constrói o poema sobre os escolhos de uma realidade transitória. Para usar as suas palavras, o poema atravessa a existência, iluminando-a, porque se sabe uma travessia. Entre a realidade das coisas e o nada da linguagem, o poema instaura um espaço rico de significações.

Recusando a pureza ("La poesía no requiere ningún especial lenguaje poético. Ninguna palabra está de antemano excluida; cualquier giro puede configurar la frase'"[4]), Jorge Guillén pode transformar o horizonte do visível num horizonte de linguagem. Nada está previamente decidido: o único partido tomado é o da transfiguração em poema. Mas, para que isto ocorra, é necessário que a consciência do poeta não esteja adormecida pela variedade de nomes existentes. O risco da consciência poética possui uma face pouco discernível: o silêncio. O seu antídoto se chama rigor.

Assumindo o rigor (e Guillén, leitor de Valéry e tradutor de "Le Cimetière Marin", sabe o que significa isto em toda a sua dimensão), o poeta pode escapar ao silêncio sem os riscos da dissolvência lírica. Jorge Guillén escapa. Os tons e semitons do seu Canto estão amarrados por uma intensa sabedoria artesanal: aquela que não descuida da multiplicidade do mundo, antes refazendo, a cada instante, a sua apreensão: *¿Hay tradición o experimento? / Ninguna forma se repite. / Poema: cada vez lo invento*[5].

2.

Foi precisamente este aspecto da modernidade da poesia de Jorge Guillén — o rigor com que atinge a criação de uma metáfora capaz de nomear a realidade — que maior influência exerceu sobre uma das fases mais importantes da poesia do brasileiro João Cabral de Melo Neto.

3. *El Mono Gramático*, Barcelona, Seix Barral, 1974, p. 96.
4. *Lenguaje y poesía, op. cit.*, p. 195.
5. *Y Otros Poemas*, Buenos Aires, Muchnik Editores, 1973, p. 202.

De uma maneira geral, pode-se dizer que dois poetas contemporâneos do Brasil revelam aspectos de uma íntima vinculação com a Espanha: o já citado João Cabral e Murilo Mendes. No primeiro, a influência da cultura espanhola é extensa e difusa, percorrendo mesmo toda a sua obra, sobretudo a partir do livro *Paisagens com Figuras,* de 1956. No segundo, é no livro *Tempo Espanhol,* de 1959, que se concentra toda uma magnífica leitura do ser espanhol: pintores, arquitetura, poetas, formas de existir. (Neste livro, diga-se de passagem, existe um poema dedicado a Guillén: "Monteserrate", assim como uma das partes de *Y Otros Poemas* é oferecida a Murilo Mendes: "Nocturnos".)

Quanto à presença poética de Jorge Guillén, ela ocorre, em João Cabral, num momento decisivo de sua trajetória: aquele em que escreve, entre 1946 e 1947, a *Psicologia da Composição* com a *Fábula de Anfion* e a *Antiode.*

Este tríptico traz como epígrafe um verso de Guillén: "Riguroso horizonte". Mais do que o valor ornamental da epígrafe, entretanto, a escolha do verso de Guillén revela uma leitura do poema por João Cabral capaz de oferecer elementos para uma compreensão mais aprofundada da poesia que, por então, passava a escrever o poeta brasileiro.

Na verdade, surgindo depois da publicação do livro *O Engenheiro,* de 1945, o tríptico de 47 é todo ele marcado por uma poética do silêncio e da recusa que encontrava na substituição de Valéry (dominante presença na obra de 45) por Jorge Guillén uma maneira de estabelecer o roteiro daquilo que será fundamental, como abertura para o mundo, na obra seguinte: *O Cão Sem Plumas,* de 1950.

Falei em substituição de Valéry por Guillén: é melhor corrigir para complementação. De fato, a aprendizagem com Valéry foi básica e ela ainda se revela, embora de forma heterodoxa, no tríptico de 47, sobretudo na retomada do tema de Anfion, sobre o qual João Cabral trabalha a primeira parte da obra.

Complementação: à idéia da "poésie pure" agora se acrescenta a possibilidade, aprendida em Guillén, de vincular perfeição e abertura. O que está, sobretudo, nas quatro estrofes centrais do poema "El horizonte":

> *Perfeccion! Se da fin*
> *A la ausencia del aire,*
> *De repente evidente.*

Pero la luz resbala
Sin fin sobre los límites.
¡Oh perfección abierta!

Horizonte, horizonte
Trémulo, casi trémulo
De su don imminente,

Se sostiene en un hilo
La frágil, la difícil
Profundidad del mundo [6].

Ao utilizar o verso espanhol, João Cabral, na verdade, indicava de que modo os seus três longos poemas estavam orientados no sentido de fisgar, pela poesia, o espaço a ser construído por uma linguagem que, atraída pelo silêncio, busca, não obstante, *La frágil, la difícil, / Profundidad del mundo*. Porque o *riguroso horizonte* de Guillén não é o que está para além dos limites de um espaço possível — *Ya el espacio se comba / Dócil, ágil, alegre / Sobre esa espera mía* [7] mas o que, desperto da *ausencia del aire*, reconhece-se precário e conquistado temerariamente. Ao isolar o verso, todavia, João Cabral extrai do texto espanhol uma metáfora para o poema, o seu poema possível — aquele perseguido nos textos da trilogia. E assim o horizonte do poema de Jorge Guillén passa a ser também os limites de um espaço de linguagem, dentro do qual se joga a sorte do poeta e de sua arte.

Está claro que a leitura da *Fábula de Anfion*, o primeiro dos três textos, faz pensar imediatamente em Paul Valéry: vários críticos já insistiram em semelhanças e diferenças registráveis a partir da comparação entre o poema de João Cabral e o melodrama escrito por Paul Valéry ("Histoire d'Amphion"). Curiosamente, entretanto, em nenhum dos discursos críticos existentes ocorre verificar-se o modo através do qual a poética valeryana era, por assim dizer, repassada pela leitura de Jorge Guillén.

Na verdade, teria sido de grande utilidade, por exemplo, apontar a forma pela qual Jorge Guillén reagiu à concepção da "poésie pure". Assim, deixando de lado certas indicações contidas em *Lenguaje y Poesía* ("¿Poesía pura? Aquella idea platónica no admitía realización en cuerpo concreto. Entre nosotros nadie soñó con tal pureza, nadie la

---

6. *Aire Neustro, op. cit.*, p. 187.
7. *Idem, ibidem.*

deseó, ni siquiera el autor de *Cántico*, libro que negativamente se define como un anti-*Charmes*"[8]), o poeta espanhol em sua "Carta a Fernando Vela", refutando a defesa da poesia pura tal como era proposta pelo Abade Brémond, dela discorda porque, de acordo com a interpretação de J. L. Salvan, "ela trata da poesia pura em termos de um estado poético e não em termos do poema"[9]. Mais adiante, completando a caracterização do ponto de vista de Guillén, diz ainda o mesmo autor: "Guillén argumenta que não há poesia a não ser enquanto realizada num poema; ele define poesia pura como tudo o que resta no poema depois da eliminação de tudo o que não é poesia"[10].

Neste sentido, portanto, é possível que uma posição "negativa", como esta proposta por Jorge Guillén, tenha servido como ponte entre a aspiração pela música, que de fato está em Paul Valéry, e a dessacralização do poema empreendida por João Cabral. Assim é que, se no caso do poeta francês a composição — embora, como ele mesmo afirma, pensada em termos de vinculação entre música e arquitetura[11] —, ainda era dependente de um espaço exterior à estrutura do poema, em João Cabral, no entanto, a mitologia é recuperada no espaço estrito do texto e sua interpretação, na senda da leitura de Jorge Guillén, é dependente antes do que aquele espaço seja capaz de dizer do que daquilo que se quer dizer em função mesma do aproveitamento da fábula: "No deserto, entre a / paisagem de seu / vocabulário, Anfion"[12]. Por sua localização, a personagem não somente está situada num certo espaço — o deserto — como é por intermédio desta que o poema passa a dizer de seus gestos e da paisagem natural em que se encontra. Ou, de outro modo: é a reflexão inicial em termos de repertório reduzido (dada pela montagem deserto/vocabulário) que permite ao poeta um desenvolvimento narrativo em que paisagem e personagem são, afinal, confundidas:

8. *Lenguaje y Poesía, op. cit.*, p. 190.

9. "Pure Poetry", em *Dictionary of World Literature*, ed. by Joseph T. Shipley, New Jersey, Littlefield, Adams & Co., 1966. p. 331.

10. *Idem*, pp. 331-332.

11. Cf. "Histoire d'Amphion", *Varieté*, III, Paris, Gallimard, 1936, pp. 87-96.

12. *Poesias Completas*, Rio de Janeiro, Sabiá, 1968, p. 321.

> Entre Tebas, entre
> a injusta sintaxe
> que fundou, Anfion,
>
> entre Tebas, entre
> mãos frutíferas, entre
> a copada folhagem
>
> de gestos, no verão
> que, único, lhe resta
> e cujas rodas
>
> quisera fixar
> nas, ainda possíveis,
> secas planícies
>
> da alma, Anfion,
> ante Tebas, como
> a um tecido que
>
> buscasse adivinhar
> pelo avesso, procura
> o deserto, Anfion [13].

Deste modo, a busca da comunicação é dependente de um sentido construtivo — e sem a idéia de construção, até mesmo de construtivismo, é impossível ler João Cabral — que permite a passagem entre poesia e realidade. Tanto a *Psicologia da Composição* quanto a *Antiode* acentuam este traço de tensão fundamental: o poema é a linguagem que, recusando a entropia, erige o seu espaço próprio pela crítica dos significados:

> Flor é a palavra
> flor, verso inscrito
> no verso, como as
> manhãs no tempo [14].

Num momento crucial de seu projeto poético, João Cabral encontrava em Jorge Guillén um exemplo: a perfeição — aquela volta perigosa do poema sobre si mesmo — não deve significar a negação do mundo: o horizonte mais rigoroso é aquele que se inventa a cada instância do poema. E do mundo.

---

13. *Idem*, pp. 325-326.
14. *Idem*, p. 336.

6. BALANÇO DE JOÃO CABRAL DE MELO NETO

1.

A obra de João Cabral de Melo Neto (Recife, 1920), iniciada nos anos 40, é hoje constituída por quinze volumes de poemas: treze reunidos em suas *Poesias Completas*, de 1968[1], e mais *Museu de Tudo*, de 1975, e *A Escola das Facas*, de 1980[2].

Intensamente marcada pelos aspectos característicos de sua região de origem — o Nordeste brasileiro —, essa obra, no entanto, vale mais pelo tratamento dado aos temas e por seus procedimentos poéticos do que simplesmente como fonte de documentação regional. Este, aliás, um grande perigo: de que o leitor se deixe levar por seus aspectos regionais

---

1. *Poesias Completas (1940-1965)*, Rio de Janeiro, Editora Sabiá, 1968.
2. *Museu de Tudo (1966-1974)*, Rio de Janeiro, Livraria José Olympio Editora, 1975 e *A Escola das Facas (1975-1980)*, Rio de Janeiro, Livraria José Olympio Editora, 1980.

(operando uma espécie de "viagem turística" através de seus textos) e esqueça, ou não perceba, a sua organização mais complexa, densa, transformadora, pela arte da poesia, numa poética de grande tensão, em que o dizer e o fazer estão de tal modo articulados que o seu consumo apenas temático, tanto quanto a sua apreciação somente artesanal, deixariam o leitor a meio caminho.

Como toda poesia realizada, a obra de João Cabral deve ser fisgada nos momentos em que a comunicação e a arte estabelecem um delicado e sutil jogo de interdependência. Às vezes à beira do incomunicável, um torneio sintático vem emprestar toda a força comunicativa que dela é possível depreender; outras vezes, parecendo jogar com dados da realidade facilmente percebíveis, "o demônio da analogia" (Mallarmé) estabelece uma espécie de visão da vertigem em que a palavra poética toma a iniciativa e deixa o leitor desnorteado.

Lendo-se hoje os dezessete livros que a compõem, é possível apontar para um fato muito importante: a leitura da realidade feita pelo poeta, pela linguagem do poeta, foi permitindo um cada vez maior alargamento dos espaços de significação sobre os quais a sua obra se foi alicerçando. Na verdade, e em livro sobre o poeta, busquei, mais amplamente, examinar o problema[3], há uma espécie de educação em toda a sua obra, que se manifesta em termos de uma singular imitação: aprendendo com os objetos, coisas, situações, pessoas, paisagens, etc., a sua linguagem foi, aos poucos, montando uma nova forma de ver — que o leitor, por sua vez, aprende ao apreendê-la —, jamais permitindo-se a facilidade de um dizer didático, desde que sempre dependente do fazer poético. Uma educação paradoxal porque poética: livre do diadaticismo por força da construção, a sua obra ensina mais radicalmente, isto é, pela raiz das coisas em que são procuradas as significações mais entranhadas.

Neste sentido, é possível falar numa poesia eminentemente metalingüística: não um poesia sobre poesia, mas uma poesia que empresta a linguagem de seus objetos para com ela construir o poema. Não se pense, entretanto, numa formalização vazia: exatamente por seu alto teor educacional — entenda-se: de quem ensina aprendendo —, é que

3. Cf. *A Imitação da Forma*. Uma leitura de João Cabral, S. Paulo, Livraria Duas Cidades, 1975.

a obra de João Cabral não se desfaz, um só momento, de uma intensa historicidade. Ler a realidade pelo poema é sempre refazer a história de leituras anteriores da poesia. Por isso, metalinguagem e história em sua obra, interpenetram-se tão fecundamente: a historicidade de sua poesia está sempre apontando para dois espaços fundamentais, isto é, o de sua circunstância social e histórica e o da história da própria linguagem com que o nomeia. A sua poesia é histórica na medida mesmo em que, cada vez mais, põe em xeque o sentido de sua linguagem.

Educação, imitação, metalinguagem, história: termos com que espero montar, do modo mais claro possível, este esquema de João Cabral de Melo Neto.

2.

Reunindo textos escritos entre 1939 e 1941, o primeiro livro de João Cabral — *Pedra do Sono* —, contém vinte poemas, na edição das *Poesias Completas*[4], sob uma epígrafe extraída do poema "Salut" de Mallarmé: "Solitude, récif, étoile...", e por onde passam as influências de dois importantes poetas que, àquela altura, já se haviam firmado plenamente nos quadros da poesia brasileira: Carlos Drummond de Andrade e Murilo Mendes. Para não falar nas influências mais gerais de Mallarmé, Valéry e do constante relacionamento com as artes plásticas, sobretudo o Surrealismo e o Construtivismo.

Embora o primeiro livro de um poeta, vivendo então num espaço dominado pela grande alta do Regionalismo — na Literatura Brasileira, as obras regionalistas das décadas de 30 e 40 são, sobretudo, escritas por nordestinos: Graciliano Ramos, José Lins do Rego, Jorge Amado, Raquel de Queiroz, etc. —, creio que aquelas influências anteriormente apontadas são, em grande parte, responsáveis pela ausência de uma "regionalização" marcante.

Na verdade, se, por um lado, por todo o livro passa a preocupação com a memória e o tempo, por outro, é por um ângulo, por assim dizer, negativo que estas categorias são surpreendidas nos poemas em que aparecem mais explícitos, quando não vinculadas ao próprio trabalho de realização da poesia em textos metalingüísticos.

---

4. A primeira edição, do próprio João Cabral (Pernambuco, 1942), com ilustração de Vicente do Rego Monteiro, contém vinte e nove poemas.

Exemplo do primeiro caso é o poema "Dentro da Perda da Memória" em que a mencionada negatividade é revelada desde o seu título:

> Dentro da perda da memória
> uma mulher azul estava deitada
> que escondia entre os braços
> desses pássaros friíssimos
> que a lua sopra alta noite
> nos ombros nus do retrato.
>
> E do retrato nasciam duas flores
> (dois olhos dois seios dois clarinetes)
> que em certas horas do dia
> cresciam prodigiosamente
> para que as bicicletas de meu desespero
> corressem sobre seus cabelos.
>
> E nas bicicletas que eram poemas
> chegavam meus amigos alucinados.
> Sentados em desordem aparente
> ei-los a engolir regularmente seus relógios
> enquanto o hierofante armado cavaleiro
> movia inutilmente seu único braço.

Apontando, sem dúvida, para uma poesia do onírico, onde se aglutinam traços do Surrealismo à Murilo Mendes e dos primeiros livros de Carlos Drummond de Andrade [5], através daquilo a que Leo Spitzer chamou de "enumeração caótica" [6], o poema instaura o espaço necessário para que a "desordem aparente" (expressão que ocorre no terceiro verso da última estrofe) seja represada por um arguto senso da construção. À diferença de Drummond, não se trata de radicar a memória — que, no poeta mineiro, vai dar nos livros engajados seguintes, sobretudo *A Rosa do Povo*, de 1945 —, mas dela desfazer-se a fim de encontrar o traçado de uma poética da mobilidade e do devaneio, no entanto consciente de sua qualidade lingüística enquanto memória *no* poema. É ler o poema "Noturno":

> O mar soprava sinos
> os sinos secavam as flores
> as flores eram cabeças de santos.
>
> Minha memória cheia de palavras
> meus pensamentos procurando fantasmas
> meus pesadelos atrasados de muitas noites.

---

5. Cf. *Alguma Poesia*, de 1930, e *Brejo das Almas*, de 1934.

6. Cf. "Enumerative Style and its significance in Whitman Rilke, Werfel", *Modern Language Quaterly*, jun. 1942, pp. 171-204.

> De madrugada, meus pensamentos soltos
> voaram como telegramas
> e nas janelas acesas toda a noite
> o retrato da morta
> fez esforços desesperados para fugir.

O primeiro verso da segunda estrofe é taxativo: não se trata apenas de memória mas de uma "memória cheia de palavras" buscando, *in nuce,* a articulação a que o poeta já se referia no primeiro texto do livro, "Poema":

> Há vinte anos não digo a palavra
> que sempre espero de mim.

Deste modo, é precisamente por este ângulo a que chamei de negativo, articulado ao sentido da composição que aparece mais explicitamente nos textos dedicados a Picasso e André Masson, que este primeiro livro de João Cabral, visto na perspectiva de sua obra posterior, é realmente singular: a sua densa atmosfera onírica é sustentada por sobre uma não menos densa e tensa preocupação construtiva.

Aos poucos, prepara-se o poeta para responder àquela angustiosa interrogante que está num dos mais belos poemas do livro, "Poesia":

> Ó jardins enfurecidos
> pensamentos palavras sortilégio
> sob uma lua contemplada;
> jardins de minha ausência
> imensa e vegetal;
>
> Ó jardins de um céu
> viciosamente freqüentado:
> onde o mistério maior
> do sol da luz da saúde?

3.

Iniciando-se, assim, por um livro em que a meditação sobre a poesia prevalece (basta lembrar que oito dos vinte textos referem-se explicitamente à poesia), ou é tematizada através das artes plásticas, não é de surpreender que o seu segundo livro, *Os Três Mal-Amados*, de 1943, seja uma paródia dramática de um poema de Drummond, "Quadrilha" [7], em que as personagens são agora explicitadas atra-

---

7. Trata-se do texto de *Alguma Poesia* e que diz assim:
"João amava Teresa que amava Raimundo
que amava Maria que amava Joaquim que amava Lili
que não amava ninguém.

vés de *falas* por onde se definem prosaicamente. Definem-se, sobretudo, em relação aos *topoi* da tradição poética, sempre num ato de recusa e busca de lucidez. Exemplar é a seguinte *fala* de Raimundo:

> Maria era também a folha em branco, barreira oposta ao rio impreciso que corre em regiões de alguma parte de nós mesmos. Nessa folha eu construirei um objeto sólido que depois imitarei, o qual depois me definirá. Penso para escolher: um poema, um desenho, um cimento armado — presenças precisas e inalteráveis, opostas a minha fuga.

Além de conter alguns elementos que serão retomados literalmente em sua obra seguinte, *O Engenheiro*, esta *fala* de Raimundo é muito importante por vincular, em seu segundo parágrafo, um projeto poético a um projeto ético, transformando-se numa espécie de *leitmotiv* na poesia de João Cabral:

> Nessa folha eu construirei um objeto sólido que depois imitarei, o qual depois me definirá.

Entre o poeta e a poesia, inscreve-se um espaço de compromisso autodefinidor: a sua definição será o seu fazer e este, por sua solidez pretendida, há de evitar a imprecisão (do primeiro parágrafo do texto) tanto quanto a fuga (do último).

Enfim, o que se persegue é a lucidez, bem na trilha de Paul Valéry, como nesta última *fala* de Raimundo:

> Maria era também o sistema estabelecido de antemão, o fim onde chegar. Era a lucidez que, ela só nos pode dar um modo novo e completo de ver uma flor, de ler um verso.

É o projeto que se torna mais explícito com a publicação de *O Engenheiro*, reunindo vinte e dois poemas escritos entre 1942 e 1945, e publicado neste último ano. Dedicado a Carlos Drummond de Andrade e trazendo uma epígrafe de Le Corbusier, "...machine à emouvoir...", embora ainda contendo textos que o vinculam às suas origens oníricas (de que é exemplo o primeiro poema, "As Nuvens"), a *dominante* da obra, para usar uma expressão de Roman Jakobson, é, de fato, um estrito senso da composição que faz justiça ao título do livro. Há, está claro, expres-

---

> João foi para os Estados Unidos, Teresa para o convento, Raimundo morreu de desastre, Maria ficou para tia, Joaquim suicidou-se e Lili casou com J. Pinto Fernandes que não tinha entrado na história."

são, mas o que "domina" é sua dependência à composição. Por isso mesmo, os poemas mais representativos são aqueles em que João Cabral, procurando a apreensão precisa de certos gestos, paisagens ou figuras, estabelece um roteiro de aprendizagem para a sua própria obra. Leia-se, por exemplo, o poema "A Bailarina":

> A bailarina feita
> de borracha e pássaro
> dança no pavimento
> anterior do sonho.
>
> A três horas de sono,
> mais além dos sonhos,
> nas secretas câmaras
> que a morte revela.
>
> Entre monstros feitos
> a tinta de escrever,
> a bailarina feita
> de borracha e pássaro.
>
> Da diária e lenta
> borracha que mastigo.
> Do inseto ou pássaro
> que não sei caçar.

O que ressalta, neste poema, é, sem dúvida, a vinculação qualificativa para bailarina — borracha, pássaro — a partir do uso do verbo que a estabelece: fazer. Sem ser *dada*, mas *feita*, a bailarina e seus gestos servem para a definição do gesto poético num longo e preciso percurso textual-coreográfico.

Entre bailarina e pássaro, o poeta inscreve o seu trabalho de construção para finalizar com uma negativa em que a substituição de borracha por inseto convalida em termos de composição expressiva:

> Do inseto ou pássaro
> que não sei caçar.

Notável, contudo, é a recuperação desses "monstros" da terceira estrofe naquele que, talvez, seja o poema que melhor define, por enquanto, o seu projeto. Refiro-me a "A Lição de Poesia":

> 1. Toda a manhã consumida
>   como um sol imóvel
>   diante da folha em branco:
>   princípio do mundo, lua nova.

Já não podias desenhar
sequer uma linha;
um nome, sequer uma flor
desabrochava no verão da mesa:

nem no meio-dia iluminado,
cada dia comprado,
do papel, que pode aceitar,
contudo, qualquer mundo.

2. A noite inteira o poeta
em sua mesa, tentando
salvar da morte os monstros
germinados em seu tinteiro.

Monstros, bichos, fantasmas
de palavras, circulando,
urinando sobre o papel,
sujando-o com seu carvão.

Carvão de lápis, carvão
da idéia fixa, carvão
da emoção extinta, carvão
consumido nos sonhos.

3. A luta branca sobre o papel
que o poeta evita,
luta branca onde corre o sangue
de suas veias de água salgada.

A física do susto percebida
entre os gestos diários;
sustos das coisas jamais pousadas
porém imóveis — naturezas vivas.

E as vinte palavras recolhidas
nas águas salgadas do poeta
e de que se servirá o poeta
em sua máquina útil.

Vinte palavras sempre as mesmas
de que conhece o funcionamento,
a evaporação, a densidade
menor que a do ar.

É claro que se poderia enumerar outros poemas deste livro através dos quais fosse possível, neste esquema de João Cabral, ir mostrando as fases de seu projeto — "O Engenheiro", "A Paul Valéry", "Pequena Ode Mineral", etc. etc. —, mas ultrapassaria muito os limites do esquema que pretendo. Baste, portanto, este poema, em que as suas "idéias fixas" (termo, como se sabe, emprestado à poética de Valéry) são postas a funcionar, como na máqina de Le Corbusier, por uma expressão sempre contida e submissa à meditação de quem vai aprendendo os seus passos pelos caminhos da linguagem poética.

Mas neste aprender do mínimo (como está na última estrofe) há um perigo: o do silêncio por força da recusa por ele assumida. É o que se vê claramente nos três longos textos publicados em 1947 sob o título de *Psicologia da Composição* com a *Fábula de Anfion* e *Antiode,* escritos entre 1946 e 1947.

Textos, por assim dizer, patamares a partir dos quais o poeta decide os rumos de seu percurso a ser retomado três anos depois. Aqui a negação, a recusa e o silêncio articulam-se para uma afirmação dialética da poesia enquanto instrumento de uma busca de significação a ser encontrada.

Sob a epígrafe de um verso de Jorge Guillén — "Riguroso horizonte" — os três textos possuem a ambição explicitada: a recusa da poesia será, poderá ser, o encontro de uma poética. Por isso, talvez, se explique a enorme importância que tais poemas tiveram na formação das vanguardas poéticas que se efetivam em meados da década seguinte. Textos de recusa, voltados, às vezes fortemente irônicos, contra a tradição e a contemporaneidade da poesia brasileira, apontavam para um impasse não só pessoal mas de geração. O poeta, singularizando-se dentro dela, sobretudo pela desconfiança com relação ao próprio fazer poético, impunha-se como paradigma para toda a geração mais jovem que ia compor os quadros da Vanguarda.

Na verdade, cada texto da *Psicologia da Composição,* e são oito poemas densamente meditativos acerca das relações entre poeta e poesia, retoma, de ângulo diferente, a mesma posição do radical antiintimismo e controle da "máquina" do poema.

> Saio de meu poema
> como quem lava as mãos (I),
>
>   ou
>
> Esta folha branca
> me proscreve o sonho,
> me incita ao verso
> nítido e preciso (II).

É, de fato, a completa vitória do "engenheiro", de 45, sobre o sonolento poeta de 42, embora ali, como já se viu, o sono não fosse tão tranqüilo como, talvez, exigisse o caminho do onírico, do devaneio. Já a pedra, surgindo no título da coletânea, denunciava o seu duro caminhar. Oposição do diurno ao noturno:

> Neste papel
> logo fenecem
> as roxas, mornas
> flores morais;
> todas as fluídas
> flores da pressa;
> todas as úmidas
> flores do sonho.
>
> (Espera, por isso,
> que a jovem manhã
> te venha revelar
> as flores da véspera) (III).

Vitória da composição sobre a inspiração:

> Não a forma encontrada
> como uma concha, perdida
> nos frouxos areais
> como cabelos;
> ....
> mas a forma atingida
> como a ponta do novelo
> que a atenção, lenta,
> desenrola (VI).

Finalmente, opção pelo "desaparecimento elocutório do poeta" (Mallarmé):

> Cultivar o deserto
> como um pomar às avessas (VIII)
> ....
> onde foi palavra
> (potros ou touros
> contidos) resta a severa
> forma do vazio (VIII).

Tratava-se, neste poema, de responder às indagações que haviam restado depois da paródia valeryana operada na *Fábula de Anfion,* em que deserto, esterilidade e flauta são elementos articuladores de um mesmo projeto de possível liquidação do lírico:

> Uma flauta: como prever
> suas modulações,
> cavalo solto e louco?

> Como traçar suas ondas
> antecipadamente, como faz,
> no tempo, o mar?
>
> A flauta, eu a joguei
> aos peixes surdo-
> mudos do mar ("Anfion e a flauta").

Onde, entretanto, melhor se explicita essa poética de radicalização a que chega João Cabral no fim da primeira década de seu percurso, é na *Antiode,* longo texto de cento e vinte oito versos, em trinta e duas quadras, dividido em cinco partes (A, B, C, D e E), trazendo um subtítulo irônico e devastador: "(contra a poesia dita profunda)".

De esquema temático muito simples, pois trata-se, o tempo todo, de discutir a validade do símile poesia = flor, João Cabral vai descobrindo (aprendendo) as limitações do lirismo com que ele próprio se envolvera:

> Poesia, te escrevia:
> flor! conhecendo
> que és fezes. Fezes
> como qualquer (A),

passando pelo desnudamento do hábito e da rotina poéticos,

> Como não invocar o
> vício da poesia:
> corpo que entorpece
> ao ar de versos? (C),

para chegar à própria linguagem da nomeação poética, agora, num gesto à Gertrude Stein, sem mais rodeios:

> Flor é a palavra
> flor, verso inscrito
> no verso, como as
> manhãs no tempo (D).

Estava conquistado o espaço para uma nomeação anti-lírica que vai, aos poucos, configurando a sua poesia e dando resistência interna às suas explorações históricas e pessoais.

Pela extrema redução do dizer ao fazer, levada ao paroxismo do quase silêncio e certamente à recusa do fácil, somente assim seria possível passar ao nível das mais amplas aprendizagens com que vai ampliar o alcance da sua obra na década seguinte.

4.

Exatamente em 1956, João Cabral reúne toda a sua obra poética num volume a que dá o título de *Duas Águas* [8], em que somente um texto, o longo poema *O Cão sem Plumas*, de 1950, havia sido coligido na coletânea anterior de 1954: *Poemas Reunidos* [9]. Na verdade, os demais livros publicados nessa década, *O Rio*, *Paisagens com Figuras*, *Morte e Vida Severina* e *Uma Faca só Lâmina*, são exemplares no sentido de demonstrarem claramente o modo pelo qual foi se expandindo a sua educação com/pela linguagem, permitindo-lhe uma maior desenvoltura temático-expressiva.

Ultrapassado o ponto de perigo a que o obrigara a meditação sobre o seu fazer, a sua condição, João Cabral pode agora articular história e linguagem, educação e imitação. Se *O Rio*, de 1953, ou *Morte e Vida Severina*, de 1954-55, retomam o tom dramático, mas agora "regionalizado", de *Os Três Mal-Amados*, *Paisagens com Figuras*, de 1954-55, e *Uma Faca só Lâmina*, de 1955, voltam a insistir na estrita dependência entre arte e comunicação na senda de *O Engenheiro* e a *Antiode*, respectivamente. Mas tudo tem o seu começo e o começo destas possibilidades articulatórias estão precisamente no texto de 1950, publicado em Barcelona: *O Cão sem Plumas*.

Dividido em duas Paisagens, uma Fábula e um Discurso, este longo texto de quatrocentos e vinte e seis versos faz passar o que havia sido represado por uma pensada educação poética: identificação de um certo modo de olhar e ver o regional — aqui figurado no Rio Capibaribe que corta a cidade do Recife —, buscando-se vincular a linguagem do mínimo ao mínimo da existência que dão conta as paisagens ribeirinhas. E assim é: nas duas Paisagens do poema trata-se, de um lado, de indicar o modo pelo qual o rio, antropomorfizado, sabe ou não sabe daquilo por onde passa e, de outro, estabelecer a relação entre o que foi definido como "sem plumas" (leia-se: sem adornos); o próprio homem que habita as suas margens.

> Aquele rio
> era como um cão sem plumas.
> Nada sabia da chuva azul,
> da fonte cor de rosa,

8. *Duas Águas (Poemas Reunidos)*, Rio de Janeiro, Livraria José Olympio Editora, 1956.
9. *Poemas Reunidos*, Rio de Janeiro, Orfeu, 1954.

da água do copo de água,
da água de cântaro,
dos peixes de água,
da brisa na água.

Sabia dos caranguejos
de lodo e ferrugem.
Sabia da lama
como de uma mucosa.
Devia saber dos polvos.
Sabia seguramente
da mulher febril que habita as ostras
                    ("Paisagem do Capibaribe", I).

A simetria é perfeita: "chuva azul", "fonte cor de rosa", "água de cântaro", peixes e brisa, adornos e fertilidades, encontram os seus opostos em caranguejos, "lodo e ferrugem", lama, "mulher febril".

Por outro lado, é esta *sabedoria* negativa que justifica o símile da outra Paisagem:

Como o rio
aqueles homens
são como cães sem plumas
....
O rio sabia
daqueles homens sem plumas.
Sabia
de suas barbas expostas,
de seu doloroso cabelo
de camarão e estopa" ("Paisagem do Capibaribe", II).

Mas como estas paisagens de rio e homens não estão isoladas de um intenso sentido da história impossível de ser percebido por quem vive de "costas para o rio", assim também o contraponto do Capibaribe é o mar e outros rios que, diferentes em suas fertilidades e emplumações, constituem a Fábula intermédia do poema.

O rio teme aquele mar
como um cachorro
teme uma porta entretanto aberta,
como um mendigo,
  a igreja aparentemente aberta ("Fábula do Capibaribe").

Finalmente, depois destas indicações, símiles e oposições, é possível caracterizar o discurso do rio como isomórfico à realidade pela qual passa: realidade de carência e espessura da carência:

> Aquele rio
> é espesso
> como o real mais espesso.
>
> Espesso
> por sua paisagem espessa,
> onde a fome
> estende seus batalhões de secretas
> e íntimas formigas.
>
> E espesso
> por sua fábula espessa;
> pelo fluir
> de suas geléias de terra;
> ao parir
> suas ilhas negras de terra. ("Discurso do Capibaribe").

Vê-se, deste modo, como a nomeação da realidade resulta dependente da linguagem utilizada: a realidade carente, pobre e mendiga exige o verso pobre, "desemplumado", capaz de intensificá-la por redução, sem desvirtuar-se de sua espessura. Ora, tanto n'*O Rio* quanto em *Morte e Vida Severina*, textos que, com o anterior, constituem, por assim dizer, o tríptico do rio desta sua fase poética, os seus melhores momentos são aqueles em que aquela interdependência é assegurada. Tanto a "prosa" do primeiro poema, que se auto-relata em seu trajeto, quanto a dramaticidade natalina, humilde e "severina" [10] do segundo texto, são indicadores de uma aprendizagem bem radical: a incorporação do regional pode e deve ser feita pela porta estreita de uma linguagem de isomorfismo em que existência e discurso poético não se distanciem para que o segundo não seja alienado. João Cabral aprendeu que a pior alienação é aquela que, buscando acusar uma condição miserável, não sabe fazer da linguagem um recurso mínimo de nomeação sem as "plumas" inadequadas da escrita auto-suficiente.

Em *Paisagens com Figuras*, reunião de dezoito poemas, há numerosos exemplos deste processo, destacando-se o modo pelo qual, tratando de paisagens e figuras nordestinas e espanholas, num amálgama que, daí por diante, será constante em sua obra, o poeta sabe conservar a tensão entre o direcionamento para a realidade, a auto-referencialidade e a aprendizagem. Imitação, metalinguagem e educação, para retomar os termos deste esquema.

---

10. Sendo um nome muito comum no Nordeste Brasileiro, *Severino* serve ao poeta para indicar condição geral do Homem daquela região.

Já o primeiro poema, "Pregão Turístitco do Recife", desorienta o leitor menos atento: não se trata apenas de "turismo" mas de uma, ou várias *lições* — expressões como "podeis extrair", "aprender lição madura", vão oferecendo os elementos para aquilo que está dito nos três últimos quartetos:

> E neste rio indigente,
> sangue-lama que circula
> entre cimento e esclerose
> com sua marcha quase nula,
>
> e na gente que se estagna
> nas mucosas deste rio,
> morrendo de apodrecer
> vidas inteiras a fio,
>
> podeis aprender que o homem,
> é sempre a melhor medida.
> Mais que a medida do homem
> não é a morte mas a vida.

Como se vê, de um "humanismo" semelhante àquele de *O Cão sem Plumas* (aliás, com quase os mesmos termos). Seria difícil escolher, neste livro, algum texto que não servisse de exemplo para isto. O melhor é dizer que, numa peça como "Alguns Toureiros", volta a obsessiva relação poesia/flor, agora no contexto insólito das touradas, para que o poeta possa extrair nas três últimas estrofes aquilo que serve de base a todo o livro:

> sim, eu vi Manuel Rodríguez,
> *Manolete*, o mais asceta,
> não só cultivar sua flor
> mas demonstrar aos poetas:
>
> como domar a explosão
> com mão serena e contida,
> sem deixar que se derrame
> a flor que traz escondida,
>
> e como, então, trabalhá-la
> com mão certa, pouca e extrema:
> sem perfumar sua flor,
> sem poetizar seu poema.

Despoetização aparece como instrumento capaz de possibilitar ao poeta lírico o tratamento de temas que ele, por assim dizer, lê nas paisagens e figuras nordestitnas e espanholas — irmanadas por um mesmo sentido de carência e espessura, como já ficara expresso no poema de 1950.

"Medinaceli", "Imagens de Castela", "Fábula de Joan Brossa", "Campo de Tarragona", etc., constituem uma das faces da mesma moeda em que surgem "O Vento no Canavial", "Vale do Capibaribe", "Cemitérios Pernambucanos" (em suas três localidades), "Alto do Trapuá", etc., etc. Aí a moeda é uma só, embora de diferente leitura. É possível vincular Catalunha e Pernambuco, desde que as diferenças sejam também especificadas:

> Lúcido não por cultura,
> medido, mas não por ciência
> sua lucidez vem da fome
> e a medida, da carência,
>
> e se for preciso um mito
> para bem representá-lo
> em vez de uma Ben Plantada
> use-se o Mal Adubado ("Duas Paisagens").

Confluências e divergências que só a linguagem aprendida no movimento das passagens pode apreender. Aprendizagem: apreensão.

Este movimento, de onde resulta o afiado de seu instrumento, que constitui a cerrada meditação de *Uma Faca só Lâmina*. Meditação sobre a relação entre imagem e realidade e, portanto, sobre suas adequações. Faca, bala, relógio, termos possíveis e substituíveis que vão sendo desmontados até atingir-se o âmago da imagem que mais se afina com a realidade desnuda: a da faca, *só lâmina,* reduzida, portanto, à sua essencialidade.

Todavia, apesar de seu esforço de condensação, o poeta sabe que a realidade é mais densa do que a imagem que a pode nomear:

> da imagem em que mais
> me detive, a da lâmina,
> porque é de todas elas
> certamente a mais ávida;
> ....
> e afinal à presença
> da realidade, prima,
> que gerou a lembrança
> e ainda a gera, ainda
>
> por fim à realidade,
> prima, e tão violenta
> que ao tentar apreendê-la
> toda imagem rebenta.

5.

Quatro anos depois da publicação de *Duas Águas*, João Cabral voltava a publicar, em Lisboa, um novo livro, *Quaderna*, logo seguido da edição, em Madrid, em 1961, de *Dois Parlamentos*. É deste ano também a publicação de *Terceira Feira*, incluindo os dois livros anteriores, e mais o até então inédito *Serial* [11]. Finalmente, em 1966, publica *A Educação pela Pedra* [12] que vem completar a sua produção editada nesta década.

Seria arriscado afirmar, tratando-se de um poeta como João Cabral, ser este o melhor conjunto de sua obra, mesmo porque, em cada uma das obras anteriores, a conquista da linguagem poética vai sendo feita passo a passo, palmo a palmo, numa ascendência coerente e amplificadora. Entretanto, não resisto em indicar este conjunto de obras da década de 60 como o momento decisivo em que o poeta configura, de uma vez por todas, o domínio de sua linguagem.

Mais ainda: é preciso distinguir o grupo formado pelos textos reunidos em *Terceira Feira* e *A Educação pela Pedra*. Se aqueles três livros dos inícios da década retomam, ampliando como sempre, experiências anteriores e apontando para o pleno domínio da linguagem da poesia, o livro de 1966 indicia o alto nível de mestria alcançado pelo poeta, aglutinando obsessões temáticas e realizações técnicas de um modo admirável.

Digamos assim: da linguagem da poesia (dominada pelo exercício lúcido) à poesia da linguagem (abrindo-se para o exercício lúcido e lúdico).

Em *Quaderna*, conjunto de vinte poemas dedicados a Murilo Mendes, o tom da obra é, por assim dizer, dado pelo poema "A Palo Seco":

> Se diz *a palo seco*
> o *cante* sem guitarra;
> o *cante* sem; o *cante*;
> o *cante* sem mais nada.

Assumindo integralmente o uso da quadra, de raízes populares, tanto no Nordeste brasileiro quanto no Romanceiro ibérico, de que aquele sofre a influência, os poemas

---

11. *Terceira Feira* (Poesia), Rio de Janeiro, Editora do Autor, 1961.

12. *A Educação pela Pedra*, Rio de Janeiro, Editora do Autor, 1966.

estão, de fato, orientados para aquela espécie de contundência que João Cabral denuncia na última estrofe do poema-guia:

> não o de aceitar o seco
> por resignadamente
> mas de empregar o seco
> porque é mas contundente.

Como não ver numa afirmação assim a intensificadora consciência daquela carência espessa dos livros da década anterior?

Na verdade, os poemas de *Quaderna* parecem mesmo ampliar, tanto no plano da comunicação quanto no da arte, os textos de *Paisagens com Figuras*. Por um lado, é o persistente amálgama de motivos espanhóis e nordestinos, visando sempre o resgate, pela linguagem carente ou seca, de uma realidade de cemitérios (aqui neste livro há quatro: um alagoano, um paraibano e dois pernambucanos), de "Paisagens com Cupim", ou de condições de um ser igualmente deserdado na paisagem fustigadora (aqui representadas em "Poema(s) da cabra"); por outro lado, no entanto, o livro articula, pela primeira vez de um modo dominador na obra de João Cabral, a temática do lirismo amoroso, ou mesmo erótico, como em "Estudos para uma bailadora andaluza", "Paisagem pelo Telefone", "História Natural", "A Mulher e a Casa", "A Palavra Seda", "Rio e/ou Poço", "Imitação da Água", "Mulher vestida de Gaiola" e o admirável "Jogos Frutais" com que encerra o livro. Quer dizer: nove poemas em vinte. Creio, por isso, ser possível afirmar ser esta a *dominante* da obra.

Não se pense, contudo, ser um lirismo erótico-amoroso facilitado pela tradição do tópico. Não: aqui o erótico-amoroso entra sempre pela via que é característica do poeta, isto é, pela lucidez com que faz da linguagem, da *écriture* (Roland Barthes), a própria imitação do objeto a ser nomeado. Leia-se, por exemplo, "A Mulher e a Casa":

> Tua sedução é menos
> de mulher do que de casa:
> pois vem de como é por dentro
> ou por detrás da fachada.
>
> Mesmo quando ela possui
> tua plácida elegância,
> esse teu reboco claro,
> riso franco de varandas.

uma casa não é nunca
só para ser contemplada;
melhor: somente por dentro
é possível contemplá-la.

Seduz pelo que é dentro,
ou será, quando se abra,
pelo que pode ser dentro
de suas paredes fechadas;

pelo que dentro fizeram
com seus vazios, com o nada;
pelos espaços de dentro,
não pelo que dentro guarda;

pelos espaços de dentro:
seus recintos, suas áreas,
organizando-se dentro
em corredores e salas,

os quais sugerindo ao homem
estâncias aconchegadas,
paredes bem revestidas
ou recessos bons de cavas,

exercem sobre esse homem
efeito igual ao que causas:
a vontade de corrê-la
por dentro, de visitá-la.

Deste modo, a maior contundência deste lirismo erótico-amoroso está não apenas naquilo que é dito como no próprio jogo das articulações sintáticas, criando trânsitos e interrupões (verdadeiras pulsões) entre o dentro e o fora — termos com os quais João Cabral arma a rede de seu dizer erótico. A última estrofe é reveladora: aqui a tensão entre os elementos arquitetônicos (dentro/fora) é veículo do desejo, mais do que amoroso, sexual, de penetração.

Sob o signo do *cante a palo seco*, todo o livro é dessa espécie: a crítica social que nele se encontra (como nos vários cemitérios ou em "Paisagens com Cupim"), mais do que a ironia assume mesmo o sarcasmo seco e duro, enxutez do *cante*. Processo que, em parte, é retomado em *Serial*, não sem antes passar pela devastadora crítica social de *Dois Parlamentos*.

Se, no último livro de *Terceira Feira*, a *dominante* é a resolução para a antimusicalidade de seu lirismo pela utilização da "serialidade", em *Dois Parlamentos* o traço unificador é a desmontagem das visões "do alto" — como já ocorria no poema "Alto do Trapuá", de *Paisagens com*

Figuras — da realidade nordestina, seja ela "ritmo senador; sotaque sulista", como na primeira parte, "Congresso no Polígono das Secas", seja ela "ritmo deputado; sotaque nordestino", como na segunda parte, "Festa na Casa-Grende".

Em qualquer dos casos, o que fica é a impossibilidade de ambos os "sotaques", desvirtuados por posições de mando, ou "do alto", darem conta daquilo que, à distância, somente é percebido, isto é, a relação entre os "cemitérios gerais" e "o cassaco de engenho" que os preenche. Mais uma vez, a crítica da realidade é dependente da crítica da linguagem que lhe serve (ou poderia servir) de medição. Sem esta, aquela opera a separação alienante entre fala (sotaque) e condição (cemitério, cassaco) e ao poeta não resta senão ironizar as posições de mando, na verdade de desmandos, da classe dominante.

No procedimento irônico que, de certo modo, *imita* o distanciamento indiciado pelo poeta, João Cabral encontra, assim, a concretização de situações facilmente levadas à abstração por uma linguagem inadequada.

De modo inverso, é através de um intenso trabalho de abstração que, nos dezesseis textos de *Serial*, o poeta *concretiza* situações as mais diversas, sobretudo através da utilização da *série* que permite a retomada dos motivos do poema agora revolvidos pelo leitor e, portanto, obrigatoriamente relidos. De fato, basta uma leitura superficial do livro para que se perceba a existência de um número maior de poemas dirigidos à abstração.

Exercícios em torno das sensações olfativas ou táteis, como em "O Automobilista Infundioso", sensuais e tácteis, como em "Escritos com o Corpo", reflexões sobre a artes plásticas ou literárias como em "O Sim contra o Sim" ou sobre a forma, como em "O Ovo de Galinha", ou sobre modos de ser como em "Generaciones y Semblanzas", ou sobre o tempo, como em "O Alpendre no Canavial", os textos deste livro revelam a medida de uma ampliação temática correlata àquela conquista cada vez maior da linguagem da poesia a que já se referia como uma constante deste grupo de livros reunidos em *Terceira Feira*.

Mesmo assim, todavia, a Espanha e o Nordeste comparecem, não somente através da dedicatória (o romancista José Lins do Rego), ou de alguns títulos, como, o que mais importante, no mesmo sentido de *Paisagens com Figuras* ou *Quaderna*, isto é, como situações concretas pelas quais exercício da poesia *aprende* com os objetos da memória dados à *imitação*.

Deste modo, a abstração de que se reveste este livro não significa uma recusa das obsessões do poeta, uma saída para o geral em face da impossibilidade em fisgar o particular. Ao contrário, utilizando-se de *séries* poéticas, grupos de estrofes que particularizam o objetivo em ângulos diversos, a concretização é maior pois dependente de particularização radical da linguagem. Os quatro grupos de duas estrofes do primeiro poema, "A Cana dos Outros", podem servir de exemplo:

1. Esse que andando *planta*
   os rebolos de cana
   nada é do Semeador
   que se sonetizou.

   É o seu menos um gesto
   de amor que de comércio;
   e a cana, como a joga,
   não planta: joga fora.

2. Leva o eito o compasso,
   na *limpa*, contra o mato,
   bronco e alheiadamente
   de quem faz e não entende.

   De quem não entendesse
   porque só é mato este;
   porque limpar do mato,
   não, da cana, limpá-lo.

3. Num *cortador* de cana
   o que se vê é a sanha
   de quem derruba um bosque:
   não o amor de quem colhe.

   Sanha fúria, inimiga,
   feroz, de quem mutila,
   de quem sem mais cuidado
   abre trilha no mato.

4. A gente funerária
   que cuida da finada
   nem veste seus despojos:
   ata-a em feixes de ossos.

   E quando o enterro chega,
   coveiro sem maneiras,
   tomba-a na *tumba-moenda*:
   tumba viva, que a prensa.

O cerca ao objeto faz-se mais efetivo a partir de sua *despoetização* inicial: entre o possível soneto, de origem bíblica, e a *tumba-moenda*, o percurso é de círculos cada vez mais apertados de alienação em torno do plantador de cana em relação a seu objeto. A *série* permite, assim, a narrativa angular que, nos quatro grupos de estrofes, vai firmando uma posição de dependência e, ao mesmo tempo, de esvaziamento entre trabalhador e trabalho: a cana *é* dos outros.

Creio, no entanto, que o módulo de construção do livro onde se revela mais claramente é nos exercícios de admiração de "O Sim contra o Sim", em que os vários processos de criação pictórica e literária são, por assim dizer, espelhados na composição do próprio livro. Nestes casos, as linguagens das artes abordadas são de tal modo rearticuladas, redefinidas, relidas, enfim, que se deslocam: passam a ser o objeto de uma imitação maior — a forma da própria linguagem.

Estava, assim, aberto o caminho para que João Cabral pudesse retornar à *pedra* de seu primeiro livro e, com ela, procurasse aprender o seu próprio processo de construção poética. É o que ocorre no último livro editado na década de 60: *A Educação pela Pedra*.

Entre *Terceira Feira* e este livro passam-se cinco anos e o que agora surge, embora sem negar processos anteriores, é uma obra de construção muito rigorosa, produto de um "engenheiro" já bastante amadurecido por suas experiências. Dedicado a Manuel Bandeira — em que a obra é definida como "antilira" —, é constituído por quarenta e oito poemas separados, na edição original de 1966, em quatro grupos de doze, mas publicados sem separação nas *Poesias Completas* de 1968. Naquela, a divisão por letras minúsculas e maiúsculas parecia, sobretudo, indicar a própria dimensão dos poemas: em *a* e *b*, textos de dezesseis versos, em *A* e *B* textos mais longos de vinte e quatro versos, invariavelmente.

De fato, o módulo da *quadra* permanece como princípio de composição básico neste livro, insinuando-se, todavia, uma modificação essencial em sua utilização, ou seja, o exercício de um ritmo mais longo, impedindo a leitura melódica na medida em que se efetiva antes pela discursividade lógica da sintaxe do que pela "musicalidade". Uma *quadra*, um modelo, de que se houvesse conservado apenas o rigor da distribuição dos versos, eliminando-se o que ali pudesse haver de automatismo pela permanência de valores sonoros. A "musicalidade", ou "antimusicalidade", *serial* da obra anterior é assim retomada no nível do conjunto da composição, problematizando-a.

Na verdade, dois elementos intimamente relacionados atuam, desde uma primeira leitura como dados fundamentais para uma definição da obra. De um lado, é a indagação acerca da realidade que se realiza por intermédio de uma espécie de ultranominalismo, em que as palavras são redefinidas a partir de seu próprio estabelecimento no corpo do poema, dando como conseqüência uma das primeiras *lições* a serem extraídas da pedra:

> a pedra dá a frase seu grão mais vivo:
> obstrui a leitura fluviante, flutual,
> açula a atenção, isca-a com o risco ("Catar Feijão").

Por outro lado, este processo de redefinição não se limita ao interior de um ou outro texto mas se transfere, alargando-se, para a retomada de uma mesma composição através de um jogo permutacional de algumas de suas partes.

Acrescente-se a estes um terceiro elemento que me parece ser o definidor mais profundo da obra, articulando agora todos aqueles termos — educação, imitação, metalinguagem, história — que foram fixados como básicos para a realização deste esquema de João Cabral. Refiro-me ao modo pelo qual, de cada texto, por força mesmo do processo de construção, o poeta extrai uma maneira de ler a realidade — a sua e a da própria linguagem. Poesia da linguagem em que a lucidez é levada a um ponto de saturação tal que, então, é possível deixar passar o elemento lúdico sem que se perca o controle da composição. Por isso mesmo, o poema-título, "A Educação pela Pedra", é muito revelador: aqui se explicita, por um lado, a preocupação com um processo de aprendizagem e, por outro, um modo que serve ao poeta de parâmetro ao próprio fazer:

> Uma educação pela pedra: por lições;
> para aprender da pedra, freqüentá-la;
> captar sua voz inenfática, impessoal
> (pela de dicção ela começa as aulas).
> A lição de moral, sua resistência fria
> ao que flui e a fluir, a ser maleada;
> a de poética, sua carnadura concreta;
> a de economia, seu adensar-se compacta:
> lições da pedra (de fora para dentro,
> cartilha muda), para quem soletrá-la.

Outra educação pela pedra: no Sertão
(de dentro para fora, e pré-didática).
No Sertão a pedra não sabe lecionar
e se lecionasse, não ensinaria nada;
lá não se aprende a pedra: lá a pedra,
uma pedra de nascença, entranha a alma.

Lições: de dicção, de moral, de poética e de economia; na primeira estrofe, trata-se de uma *extração* para a aprendizagem. Mas, quem aprende e para quê?

Em primeiro lugar, sem dúvida, o próprio poeta sem que, como se diz no último verso, seja impossibilitada uma generalização. Em segundo lugar, no entanto, esta educação parece estar destinada ao próprio fazer do poeta: aqui, na verdade, ocorre uma singularização de vez que a apreensão do objeto é feita pelo sujeito que escreve, levando-o a uma espécie de interiorização que se vai dar cabalmente na segunda estrofe. Nesta, todavia, a realidade — sendo maior do que a imagem, como já ficara fixado em *Uma Faca só Lâmina* — não *ensina*: podendo lecionar, ela é tão interna, entranhada, que *o que diz* é a sua própria presença interiorizada. O Sertão não aprende com a pedra: ele *é* pedra, ao contrário do poeta que, mediado pela linguagem, busca apreendê-la e com ela aprender. O que ele aprende, enfim, não é senão um modo de relacionamento com a realidade, sobretudo infenso ao fácil, ao que flui, aquilo que foge ao controle da "máquina" do poema.

Na verdade, este corte metalingüístico, que subjaz a todos os poemas do livro, torna densa a maneira pela qual é possível praticar, numa espécie de superação absoluta dos versos de "comunicação" de seus poemas da década de 50 (sobretudo o tríptico do Rio), a arte da poesia enquanto instância tensa entre dizer e fazer.

Sem abandonar, um só momento, o direcionamento para a realidade, este livro traduz, de modo admirável, a conquista por João Cabral dos mecanismos mais secretos de sua linguagem que tornam possível aquele direcionamento sem, contudo, escamotear, pelo fácil, uma poesia sobre a poesia. A sua metalinguagem é de uma espécie mais rara e significativa: os limites de uma poética que, sem recusar o difícil, instaura o antilirismo como horizonte de uma sintaxe complexa da realidade. E por aí a história é rearticulada no espaço que é o seu: o poema. Entre lúcido e lúdico, o poeta pode agora abrir a sua obra para aquilo que, produto de seu fazer e viver, fora sendo conservado como secretas imagens de um projeto que ele soube cumprir.

Entranhada a pedra, educado por ela, João Cabral, nos dois livros seguintes, libera "museu" e "escola" — instâncias de uma educação onde vida e poesia (termos de maturidade goethiana) não mais se distinguem, se algum dia puderam distinguir-se.

6.

Os dois últimos livros de João Cabral — *Museu de Tudo* e *A Escola das Facas* — representam a passagem, mas não a defasagem, do lúcido ao lúdico. Não a defasagem: a insidiosa, persistente e vitoriosa lucidez de seu projeto que vai até *A Educação pela Pedra* não deixa de ser o substrato mais íntimo desses numerosos (os mais numerosos) poemas que reuniu em livros. Por outro lado, no entanto, é evidente (e disso logo o poeta adverte o leitor no primeiro livro) que agora a poesia não é mais um objeto que se constrói em termos de repetitivas, porque obsessivas, variações — o que dava aos livros anteriores aquele sentido espiralado de um fazer perseguido. Logrado o projeto, é possível deixar que a poesia se represente em poemas que já passaram pelo crivo de uma longa e conquistada poética: a do rigor, com que o nome de João Cabral passou a identificar-se na literatura brasileira pós-modernista.

O que, portanto, elimina qualquer juízo *a priori* que se pretenda fazer acerca do valor poético dos textos que compõem os dois últimos livros, argumentando-se com o fato de que *Museu de Tudo* foge à regra da composição, explicitada como projeto, na parte da obra que vai até *A Educação pela Pedra*. Repita-se: passagem, mas não defasagem, do lúcido ao lúdico. Basta ler o primeiro poema do livro de 1975 e que dá título ao volume, "Museu de Tudo":

> Este museu de tudo é museu
> como qualquer outro reunido;
> como museu tanto pode ser
> caixão de lixo ou arquivo.
> Assim não chega ao vertebrado
> que deve entranhar qualquer livro:
> é depósito do que aí está,
> se fez sem risca ou risco.

É evidente que a leitura do último verso só se completa na perspectiva de sua obra até então publicada, embora o próprio texto revele a tensão entre identidade e diferença com relação ao que fizera nos livros anteriores.

Se, por um lado, parecce digerida a pedra que, por exemplo, num poema como "Catar Feijão" do livro de 1966, "obstrui a leitura fluviante, flutual" — onde a troca entre *v* e *t* aponta, iconicamente, para o que, em nível de metalinguagem, o poeta refere —, afastando, deste modo, a necessidade de atenção que o próprio "risco" da pedra exigia,

açula a atenção, isca-a com o risco,

por outro, no entanto, não é possível deixar de perceber a perfeita mestria que envolve a própria relação entre verbo (risca) e substantivo (risco) e que dá contas de um fazer que agora se pretende menos preocupado com o "vertebrado"

que deve entranhar qualquer livro.

Optando pelo "museu", João Cabral acentua uma das faces de sua poética: cumprida *à risca* sua "educação" é possível, e só então é possível, acolher aquilo que não parece agora, e só agora, oferecer "risco". Relaxada a atenção de um projeto rigoroso, aprendidas as lições da realidade pelo seu tomar forma contínuo, pode-se passear pelos textos como se passeia pelos objetos de um museu. Por isso mesmo, permanece básico um daqueles termos enunciados desde o início deste esquema: o processo de educação a que se submete o poeta (submetendo o leitor) por meio de seu próprio aprendizado com a linguagem da poesia.

Museu de Tudo é constituído de oitenta textos. Será coincidência esta insistência no quatro ou apontará para aquele pólo de identidade com relação à obra anterior? O mesmo se dá com *A Escola das Facas*: quarenta e quatro textos, descontado o poema-carta "O que se diz ao Editor a propósito de Poemas", conservado fora do livro que, na verdade, começa com o poema "Menino de Engenho". Não, não me parece coincidência. É mais uma passagem: se a quadra deixa de ser uma exigência projetual (embora ela persista no número de versos da grande maioria de textos) para o poema, pensado em sua articulação à vértebra maior da composição, ela passa agora a dominar o conjunto, apontando para a maior liberdade dos objetos sem, contudo, desvinculá-los de uma abrangência maior e obsessiva do próprio poeta. Mesmo porque, embora esteja explícito que o livro reúne poemas escritos entre 1966 e 1974, cinco textos datam de anos anteriores (1946, 1947, 1952 e dois de 1962, sendo que o de 1947 é retomado e completado em 1963), mostrando, assim, uma maneira de trabalhar que, se não deixa de ser "museológica", identifica-se com o fascínio pela composição e recomposição dos livros anteriores.

A diferença está, sobretudo, no modo pelo qual é possível ler o livro: poemas-objetos, de grande eficácia estética, sem uma articulação explícita entre os vários textos, coisa que é evidente, em sua obra, principalmente depois de conquistada a sua linguagem a partir do tríptico crítico de 1947.

Mais uma vez, entretanto, a eficácia decorre do acercar-se cuidadoso e difícil de referentes transformados pela sintaxe muito pessoal de João Cabral. Neste sentido, as tematizações são freqüentes: nada escapa a quem faz da linguagem da poesia um modo de, educando-se, chegar à poesia da linguagem.

Por esse ângulo, o leitor pode encontrar, neste livro, a posição adequada para absorver melhor a poética de João Cabral. Em cada poema, um modo de tornar presente a poesia: cidades (brasileiras ou européias), artistas plásticos, futebol, aspirina, escritores, meditações sobre o tempo, as formas de ser, a função da poesia e dos poetas, etc. etc., tudo agora é possível de, transformando-se pela poesia, compor a escala universal de um poeta que faz do escrever o ato de presentificação essencial.

Com ironia, com humor, com alegria ou desalento, por este livro de João Cabral passa o sopro daquela "consagração do instante" que Octavio Paz refere como fundamento do fazer poético. Não sem que, no entanto, em numerosos poemas, este mesmo fazer seja tematizado em função da existência. O melhor exemplo, talvez a vértebra deste livro "invertebrado", seja o texto "O Artista Inconfessável":

> Fazer o que seja é inútil.
> Não fazer nada é inútil.
> Mas entre fazer e não fazer
> mais vale o inútil do fazer.
> Mas não, fazer para esquecer
> que é inútil: nunca o esquecer.
> Mas fazer o inútil sabendo
> que ele é inútil, e bem sabendo
> que é inútil e que seu sentido
> não será sequer pressentido,
> fazer: porque ele é mais difícil
> do que não fazer, e dificil-
> mente se poderá dizer
> com mais desdém, ou então dizer
> mais direto ao leitor Ninguém
> que o feito o foi para ninguém.

Está explicitado o elemento lúdico essencial e o modo de sua recepção pelo poeta: a "inutilidade" do fazer é percebida sob o critério da dificuldade. Entre o fácil e o difícil, a "inutilidade" da poesia ainda se impõe como alternativa, uma vez que sob o controle da consciência. Por isso, é possível abrir o leque da poesia: os objetos daí resultantes somente serão "inúteis" na perspectiva de quem sabe a distância entre o "fácil" silêncio e a "difícil" expressão. No fim, está o leitor, imagem difusa, através do qual se completa o circuito da comunicação. Nomeado como "Ninguém", ainda assim, ou mesmo por isso, o leitor atua como possibilidade no sistema de comunicação poética. Sem o leitor, "ninguém" para a decisão do fazer poético, a prevalência deste não teria sentido: o fazer inclui a possibilidade do refazer, tão "inútil" quanto o primeiro. O que resolve o impasse é a criação, pela consciência, pela lucidez, de um espaço em que se afirma a vitória da dificuldade.

Pela consciência: o poeta sabe que o seu gesto, o seu atuar pela linguagem, está sempre ameaçado pela insignificação e somente este saber é que permite a continuidade.

O lúdico pode ser uma conquista quando o que o deflagra é a lucidez. Inversamente, o lúcido pode ser uma conquista quando o que o espera é a "gratuidade" do jogo com a linguagem. Creio que a diversidade deste livro, aceita a sua condição de "museu", responde ao esquema de reflexão proposto. Neste sentido, este livro de João Cabral completa a sua figura de poeta: não somente aquele rigoroso artesão da obra anterior, como também o escritor que põe em xeque valores assentados pelo seu próprio fazer, refazendo caminhos, multiplicando suas maneiras de ver a realidade ao desdobrá-la em novas variantes de suas obsessões. Assim, por exemplo, no poema "A Quevedo", aquilo que já percorria sorrateiramente a sua obra, isto é, a aceitação do jogo como elemento também essencial do fazer poético, é agora afirmado, enquanto engenho, como face complementar da poesia:

> Hoje que o engenho não tem praça,
> que a poesia se quer mais que arte
> e se denega a parte
> do engenho em sua traça,
> nos mostra teu travejamento
> que é possível abolir o lance,
> o que é acaso, chance,
> mais: que o fazer é engenho.

Em qualquer dos textos deste livro, pode-se verificar: a variedade de motivos, a desarticulação aparente aponta para uma configuração de conjunto muito definida. O "tudo" do título só pode ser "de Museu" na medida em que engenho e arte foram convenientemente articulados, deixando perceber as dimensões possíveis de uma sensibilidade "educada" pela poesia.

O tempo da poesia abre-se generosamente para a memória: seus gumes, suas arestas, facas conquistadas pelo fazer caprichoso, presenças de uma "educaçâço" passo a passo, *a palo seco*. Movimento em direção ao último livro: *A Escola das Facas*.

Na verdade, para quem já sabe do valor que a aprendizagem desempenha na obra de João Cabral, os quarenta e quatro poemas deste livro, arco tenso entre educação e instrumento (a escola é de facas porque ali se aprende a eliminação de tudo o que é excesso, como já se afirmara em *Uma Faca só Lâmina*), são soma e súmula de sua trajetória.

Voltando-se para as formas de seu estado de origem (tanto geográfico quanto psicológico), o poeta sexagenário rearticula o seu campo de referência obsessivo, deixando aparecer os traços de seu caminho. "Livro-umbigo": eis como a este livro se refere o próprio poeta no poema-carta ao Editor.

Na verdade, possuindo o "vertebrado", que ao próprio João Cabral parecia faltar ao livro anterior, *A Escola das Facas* encontra o seu módulo de composição no movimento autobiográfico que o rege. Mas, assim como dissera do Rilk dos *Novos Poemas,*

> Nele, dizendo-se de viés,
> disse-se sempre, porém limpo;
> incapaz de não se gozar,
> disse-se, mas sem onanismo (em *Museu de Tudo*),

assim o seu memorialismo também surge "de viés" no rastreamento de uma aprendizagem que agora é explicitada em termos de "escola".

Pernambuco, engenhos, cana, vento, mar, coqueiros, literatura, rios, facas, zona-da-mata, sertão, casas-grandes, senzalas, chuvas, Recife, Olinda, praias, frutas, pintores, poetas, família, heróis, marés — termos constelados pela dicção aprendida pelo poeta em seus quarenta anos de poesia. Mais: esta constelação, ao se gozar no vértice da memória, não renega do duro, acre e contundente da lucidez conquistada. A cana, a cana-foice, o corte da cana se insinua a todo passo, lâmina acerada interferindo no comprazimento da memória enxundiosa. Desde o primeiro momento, esta relação é dada sem rebuços:

> A cana cortada é uma foice.
> Cortada num ângulo agudo,
> ganha o gume afiado da foice
> que a corta em foice, um dar-se mútuo.
>
> Menino, o gume de uma cana
> cortou-me ao quase de cegar-me,
> e uma cicatriz, que não guardo,
> soube dentro de mim guardar-se.
>
> A cicatriz não tenho mais;
> o inoculado, tenho ainda;
> nunca soube é se o inoculado
> (então) é vírus ou vacina ("Menino de Engenho").

De um primeiro momento de relação, dir-se-ia quase amorosa, em que cana e foice se confundem, passando pela interiorização da ferida, até à consciência daquilo que persiste, embora não se possa dizer precisamente o seu valor: se o transmissível (vírus) ou se o que defende e evita (vacina). De qualquer modo, um "dar-se mútuo", uma constante reversibilidade entre objeto (cana, foice) e experiência (cicatriz, memória) pelo resgate operado pela linguagem da poesia. (Baste acentuar neste parêntese, a mestria na utilização do termo dominante na última estrofe — *inoculado* —, em que se recupera ação e local na própria formação do vocábulo: inoculado.) Uma outra versão do entranhado da pedra, agora cana, cana-foice: todo o livro é direcionado por essa matéria que a memória vai, ludicamente, desventrando. Aquilo que ficou é tema para uma autobiografia que, sendo de poeta, encontra a sua sustentação nos mecanismos de adequaçãço entre experiência e linguagem.

Por isso, tem vez a anedota ("Horácio") em que as substituições dos termos (passarinho, bêbado, alpiste, cachaça) constroem o espaço para o humor e o riso. Por isso, tem vez o erotismo com que retoma "As Frutas de Pernambuco", já utilizadas em *Quaderna* ("Jogos Frutais"), mas com uma maior contundência no uso explícito da relação fruta/mulher:

> é tão carnal, grosso, de corpo,
> de corpo para o corpo, o coito,

que mais na cama que na mesa
seria cômodo querê-las.

Ou ainda o admirável poema "Forte Orange, Itamaracá", em que a relação mais do que sensual, sexual, se constrói em torno da aproximação ferro e musgo, dominada pelo tempo que realiza, ou propicia, a penetração, "um dar-se mútuo":

E um dia os canhões de ferro,
sua tesão vã, dedos duros,
se renderão ante o tempo
e seu discurso, ou decurso:
ele fará, com seu pingo
inestancável e surdo,
que se abracem, se penetrem,
se possuam, ferro e musgo.

Talvez, como metáfora para o esquema proposto para a leitura destes dois últimos livros de João Cabral, nestes versos se representa bem a passagem do lúcido ao lúdico, sem a perda do primeiro. A sua inclusão na rigorosa arquitetura cabralina. Atenção, tensão, tesão; discurso, decurso: o tempo permitiu a passagem de um a outro dos termos que definem a sua poética.

7. UM COSMONAUTA DO SIGNIFICANTE: NAVEGAR É PRECISO

A Volta

De um modo geral, pode-se afirmar que o poema moderno, em seus momentos mais eficazes, tende a estabelecer, pelo menos, dois níveis de leitura convergentes: aquele que aponta para uma nomeação da realidade em seus limites de intangibilidade, operando por refrações múltiplas de significado, e aquele que, ultrapassando tais limites, refaz o périplo da própria nomeação, obrigando a linguagem a exibir as marcas de sua trajetória. Por um lado, o leitor busca a compreensão; por outro, a compreensão está na busca que é o início de uma viagem. Início cujo término previsível é dado pelos parâmetros da linguagem: bússola, astrolábio, estrela.

Neste sentido, o espaço do poema é necessariamente um tempo. Espaço e tempo da linguagem: o poema, em que o leitor atua como um viajante para quem os signos não são mais apenas signos, sinais, de alguma outra coisa para fora de uma topologia cujos limites cartográficos estão dados na página que os acolhe como um espaço privilegiado. Mapear, deste modo, significa fixar as marcas de uma volta — como quem, por um caminho desconhecido, sem saber ao certo o retorno possível, vai deixando traços que possam assegurar a volta. Não, a imagem não serve de todo: na volta, pela senda tangível das coisas, árvores, pedras e terras, o traço se mantém o mesmo. Do poema volta-se modificando, a cada passo, os rastros antes conhecidos e fixados, signos que se transformam na medida em que, dispostos à significação (= indicação), já não traduzem um mesmo espaço ou tempo. Transformando, pela leitura, o poema que lê, o leitor é transformado pela leitura do poema. Transformação: uma figura esboçada para além daquela forma visível de cujos contornos a razão se apossara num ato de previsibilidade.

Quase sempre, este é o mometo em que se reorganizam, pelo ato de emergir transformado por aquilo que foi múltiplas referências, ambigüidades, desorientações (embora sabendo-se provisórias), os significados. A volta é um reencontro com uma imagem do mundo, agora também imagem poética — percepção da *outra* imagem num espaço traduzido/ traduzível pela linguagem.

Entre imagens, o leitor do poema recorta o seu espaço de reflexão e pensa a viagem: mundo e poesia articulam-se pela consciência impregnada dos deslocamentos sucessivos, relações ou, mallarmeanamente, transposições:

Cette visée, je la dis Transposition — Structure, une autre [1].

Neste sentido, a crítica é uma narração: uma *relação de viagem*. Sua volta é uma presença: momento de quase insuportável urgência de narrar. Escolhos da imersão numa outra linguagem.

A esperteza de Dante é de ter feito Virgílio o seu guia: a viagem do florentino já começa sob a égide da linguagem de uma tradição cujos destroços ele agora consolida, sob a miragem (*visée*) de Beatriz, numa peripécia de estruturação crítica.

Epos e *telos* são confundidos pelas rápidas transposições de registro. A Comédia é Divina porque foi possível fazer do discurso poético um limite extremo, entre doutrina

---

1. Cf. "Crise de Vers", em *Oeuvres Complètes*, Paris, NRF, Bibliothèque de la Pléiade, 1956, p. 366.

e crônica, para onde é levado o leitor sem perda de sua consciência crítica. Nas palavras de Auerbach:

> Expressando o que é verdade e direito, assume o tom de um pregador; registrando acontecimentos atuais, torna-se um cronista. Mas doutrina e crônica são apanhadas no movimento poético, sustentadas e exaltadas até que, com toda a sua claridade, elas permanecem diante de nós incomparável e inexplicavelmente perfeitas [2].

Dante não somente narra a sua viagem mas transforma-a num espaço em que, lendo a tradição greco-latina, produz uma reflexão sobre o seu modo de deslocamento/transposição: a sua linguagem. Viagem e linguagem, portanto, não são mais do que instâncias de uma única operação extrema, aquela que se estende entre Inferno e Paraíso. Outra vez Auerbach:

> Dante transporta seus ouvintes para um mundo estranho tão permeado pela memória da realidade que ele parece real enquanto a própria vida torna-se um sonho fragmentário; e esta unidade de realidade e distância remota é a fonte de seu poder psicológico [3].

Retornar da leitura assume, deste modo, a identificação (ainda que provisória) de um roteiro possível de significados.

Entre extremos, o enunciado crítico, aquele que vem depois e busca os relacionamentos, é um espaço preenchível pelas impregnações da linguagem/viagem original.

Enunciação: anunciação.

Como falar daquilo que, suspenso, "disposition fragmentaire avec alternance et vis-à-vis, concourant au rythme total, lequel serait le poëme tu, aux blancs", como queria Mallarmé [4], permanece atuando por sob a prosa que tangencia e se esquiva? Parece não haver outro caminho, por entre as inumeráveis veredas do percurso, senão permitir, por etapas, a narração da volta. E de onde se volta? De onde vêm essas vozes que se alternam por entre fragmentos de uma figura que se imagina total? Não é já este *se* repetitivo uma voz que, especular, procura o verbo originário, *fiat lux* deflagrador?

2. AUERBACH, Erich. *Dante: poet of the secular world*. Trad. de Ralph Manheim. Chicago, The University of Chicago Press, 1961, p. 172.
3. *Idem*, p. 173.
4. *Op. cit.*, p. 367.

Sim: na leitura destes textos de Haroldo de Campos, a linguagem da crítica refaz, a todo momento, uma parábola de escrita que — fragmento aproximativo — busca criar o espaço da releitura. Porque estes textos se conservam nos últimos limites de uma possibilidade de dizer através da operação significativa.

Ação sígnica: ativação do signo.

A volta, por isso, importa em saber que a enunciação, para o poeta viajante, cosmonauta do significante, não obedeceu ao roteiro mais banal da sua transformação em enunciado: o que se traduz é, antes, uma anunciação, a revelação do evento mais radicalizador — que é a própria viagem empreendida.

Sob a epígrafe de Novalis, Haroldo de Campos lê as linhas de um Paraíso disperso, somente reconhecível *após* a sutura de seus fragmentos estilhaçadas, figuras de linguagem nas convergências de um único tropo, em contínua expansão, que é o poema imaginado como retorno ao nível mais tangível dos significantes. Por isso, a volta *do* poema é, necessariamente, uma volta *ao* poema.

Não será preciso muito esforço para perceber que, neste movimento orientador da leitura, Haroldo de Campos entronca-se, expandindo-se (e já veremos por que), na tradição talvez mais legitimadora do poema moderno: aquela que, fundindo tempo e espaço, revela inevitalvelmente o caráter historicizado da escrita.

Na verdade, o ato de ler, relendo, permite tanto ao poeta quanto ao leitor vislumbrar o modo pelo qual se resgata, por entre os escolhos da História, um espaço de linguagem em que não somente as circunstâncias temporais mas o próprio tempo da linguagem poética são redefinidos a partir de uma instância textual.

Desta maneira, as três partes do livro — "Signantia Quasi Coelum", "Status Viatoris: Entrefiguras" e "Esboços para uma Nékuia" — já por si configuram um projeto de releitura por Haroldo de Campos, dando como resultado o seu texto.

Invertendo a pirâmide dantesca — e esta inversão já responde ao desígnio de viagem significante do percurso haroldiano — os primeiros trechos do livro tecem uma rede de significantes remissíveis à percepção limite dos últimos versos do poema de Dante:

```
                Glande de cristal
                desoculta
                ramagem de signos

                                        soa

                o acorde do uni
                verso

                                campana estimulada

                                                rútilo
último

        coere                   cúpola radiosa

            sim                                 um sino
```

A partir daí, os quatro textos seguintes desta primeira parte da seção "Signantia Quasi Coelum" funcionam como meditações imersas na própria história da linguagem da poesia. Não há separações: o que se busca é o resgate de um sujeito-que-escreve pelo ato de articular um espaço textual em que (ainda) seja possível deflagrar significações. No horizonte, está aquele "acorde do uni/verso" despertando por imagens referidas a uma sensibilidade totalizadora.

Entre "glande de cristal" e "sino", a percepção é realizada num átimo de vinculações sensoriais — núcleos de um processo a ser desencadeado pela "ramagem de signos" transformada, no terceiro texto, em "teofania de signos" por força daquilo que se estabelecera no segundo:

```
fanos       fanopéia        teofania
```

É no quarto texto, entretanto, pela absorção de uma "leitura de Novalis" que também faz parte desta seção do livro (onde *alles ist samenkorn* é pré-traduzido por "semência") que o tecido de significantes atinge o seu mais alto grau de inserção no tempo:

```
partículas
sonoras
dígitos de
tempo
dúvida
lugar
ad                      versáteis
```

Falei pouco antes em "sensibilidade totalizadora"; no quinto texto, a tradução é perfeita, depois da semeadura sensível dos quatro primeiros: "respiro total".

Na volta do/ao poema, o leitor respira essa atmosfera de signos. Voltamos: a razão pede passagem.

As Passagens

Quem tenha lido *Xadrez de Estrelas. Percurso Textual, 1949-1974*, há de ter apreendido uma relação básica, muitas vezes deixada à margem pelos críticos de Haroldo de Campos: a relação entre a linguagem da poesia (freqüentemente transformada em linguagem do poema por força da reflexão metalingüística) e a leitura, pelo poeta, da tradição. Não a leitura do ensaísta, que se encontra em vários livros, mas aquela que se vai fazendo na própria composição, resultado da consciência poética.

O poema como leitura: não a do ensaísta mas a do enxadrista, já incluso, como *persona*, no *Auto do Possesso*,

> Modera, ó bispo noturno,
> a faina em meu tabuleiro
> e atende: um poeta nasce
> nos bulbos do mês de agosto.

Virgílio, Rilke, a Bíblia, o Oriente, Camões, o Simbolismo Francês (como observava, já em 1951, Sérgio Buarque de Holanda, escrevendo sobre aquele primeiro livro[5]), são algumas presenças históricas traduzidas pela linguagem do poema. Enxadrista antes de ser ensaísta, somente mais tarde esta tarefa há de tornar-se explícita na exploração de um elenco de autores estrangeiros e brasileiros. Por enquanto, é a experiência imediata e íntima com a linguagem da poesia que vai articulando internamente a leitura onívora que já se pode perceber entrelinhas. Mas é uma experiência fundamental que o define e marca a ferro e fogo. Toda a sua trajetória (ou percurso, como ele diria), até o momento em que realiza a sua "fenomenologia da composição" (incluindo os textos de *O â mago do ô mega*, *Fome de Forma* e *Forma de Fome*), partindo, então, para as *Lacunae*, de que fazem parte "Poemandala", "Austin poems", "Serigrafias", "Excrituras", "Tatibitexto" e "Exit", está permeada pela tensão entre criação e consciência poética que, muito naturalmente, se desdobra em criação e crítica.

Talvez os momentos mais agudos deste processo sejam os representados pelos textos que compõem *Thálassa Thá-*

5. Cf. "Rito de Outono", *Folha da Manhã*, S. Paulo, 6/6/51.

lassa e *As Disciplinas,* escritos entre 1951 e 1952. É do primeiro:

> — E Tu, Árvore da Linguagem,
> Mãe do Verbo
> Cujas raízes se prendem no umbigo do Mar
> Ergue Tua copa incendiada de dialetos
> Onde a Ave-do-Paraíso é um íris de Aliança
> E a Fênix devora os rubis de si mesma.
> Recebe este idioma castiço como um ouro votivo
> E as primícias do Poema, novilhas não juguladas
> Te sejam agradáveis!
> Tu, Mãe do Verbo cercada de hespérides desnudas,
> Cuja fala é sinistra qual a voz dos Oráculos,
> E bífida como a língua dos Dragões...

São do segundo:

> Pássaros de prata, o Poema
> ilustra a teoria do seu vôo.
> Filomela de azul metamorfoseado,
> mensurado geômetra
> o Poema se medita
> como um círculo medita-se em seu centro
> como os raios do círculo o meditam
> fulcro de cristal do movimento.

e

> Equânime, o Poema se ignora.
> Leopardo ponderando-se no salto,
> que é da presa, pluma de som,
> evasiva
> gazela dos sentidos?
> O poema propõe-se: sistema
> de premissas rancorosas
> evolução de figuras contra o vento
> xadrez de estrelas. Salamandra de incêndios
> que provoca, ileso dura,
> Sol posto em seu centro.

Dicções diversas que se complementam numa teoria do poema *in nuce*.

No primeiro texto, o *canto* se sobrepõe à reflexividade da linguagem; nos dois outros é mais acentuada a direção assumida pelo esforço da consciência em ter o controle das explorações imagísticas, embora estas rompam, com todo o vigor, num registro de contenção. No primeiro, o texto é ainda um outro a que se fala; nos seguintes, é já um mecanismo que se examina no próprio movimento da composição.

Próximos aos textos básicos escritos por João Cabral de Melo Neto por essa época — *Psicologia da Composição, Fábula de Anfion* e *Antiode*, de 1947 —, em que o poeta fazia reverter a linguagem da poesia a uma quase cruel meditação acerca de seus limites, os poemas de Haroldo de Campos apontavam, de forma exemplar, para aquilo que Sérgio Buarque de Holanda chamava, por essa época, de "difícil alvorada"[6], isto é, um modo de escrita poética que encontrasse o seu próprio caminho por entre as figuras tutelares de Murilo Mendes, Carlos Drummond de Andrade e o próprio João Cabral.

Não é, por isso, um acaso (ou se o é, é para ser abolido numa refração mallarmeana à beira do suicídio) que o último poema desta, por assim dizer, primeira fase, "A invencível armada", em que o movimento antilinear do discurso é acentuado, depois das experiências ainda caligráficas d' "A naja vertebral", seja do mesmo ano — 1955 — em que Haroldo de Campos publica o seu primeiro texto crítico-teórico, recolhido na *Teoria da Poesia Concreta*: "Poesia e Paraíso Perdido"[7].

Além de seu caráter polêmico com relação à média da poesia brasileira de então ("espécie de clister do coração acrescido, às furtadelas, ao elenco portátil dos decoctórios"[8]), o que está na mira deste ensaio é precisamente uma reflexão acerca da historicidade fundamental da poesia, em que tanto o "make it new" poundiano (explícito) quanto a idéia eliotiana da simultaneidade da literatura[9] informam a perspectiva do poeta. Basta ler as primeiras linhas do ensaio:

> A arte da poesia, embora não tenha uma vivência função-da-História, mas se apóie sobre um "continuum" meta-histórico que contemporaniza Homero e Pound, Dante e Eliot, Góngora e Mallarmé, implica a idéia de progresso, não no sentido de hierarquia de valor, mas no de metamorfose vetoriada, de transformação qualitativa, de culturmorfologia: "make it new"[10].

6. Cf. "A Difícil Alvorada", *Diário Carioca*, Rio de Janeiro, 27/5/51.
7. Cf. *Teoria da Poesia Concreta. Textos Críticos e Manifestos, 1950-1960.* S. Paulo, Edições Invenção, 1965, pp. 24-7.
8. *Ibidem*, p. 25.
9. Refiro-me às idéias que estão no célebre ensaio "Tradition and the Individual Talent", depois retomadas por Borges em "Kafka y sus precursores", em *Otras Inquisiciones*.
10. *Op. cit.*, p. 24.

Mais tarde, sempre com os olhos voltados para a literatura brasileira, mas sabendo armá-los com uma informação universal adequada, Haroldo de Campos voltará ao tema: a sua experiência *de* poeta exigirá a reflexão metalingüística que vá apontando o modo de passagem entre a criação e aquilo que chamei de leitura da tradição [11].

Deste modo, a teoria que informa os textos seguintes é também informada pela consciência em fazer do poema um catalisador da experiência cultural, seja na acepção eminentemente técnica (em que, no admirável *O â mago do ô mega*, o espaço em branco mallarmeano é traduzido no negro da página que acolhe a branca desintegração dos "signos em rotação", para usar uma expressão de Octavio Paz), seja na acepção mais ampla de uma leitura do real — caso dos poemas *Fome de Forma* e *Forma de Fome*.

Catálise: a construção do poema atua como resistência, através da linguagem, àquilo que, em textos anteriores, era dialogismo menos essencial, embora revelador. Ao contrário do que se possa pensar (e se pensa tão freqüentemente!), à medida que a criação de Haroldo de Campos assume os riscos da desconstrução é precisamente quando mais se acentua, a meu ver, o seu empenho em conferir uma historicidade radical ao texto. Há como que uma consciência cada vez mais entranhada da historicidade básica da linguagem que vincula a exploração de seus limites de concreção aos impossíveis da ambigüidade e da plurissignificação.

É uma poesia de resistência porque faz do espaço do poema um tempo de linguagens que, traduzidas pela composição, apontam para a presença do poeta no mundo do real que é o mundo das formas. A passagem entre *forma* e *fome* é de "servidão" porque o criador, trabalhando com a reversibilidade, é, ao mesmo tempo, senhor e servo da liguagem.

O percurso de *Lacunae*, incluindo textos que vão de 1969 a 1974, não é, por isso, desvinculável daquela outra passagem buscada desde os fins da década de 50: o trabalho da tradução, cuja diretriz essencial é dada no ensaio

---

11. É o caso, por exemplo, dos textos "Poética Sincrônica", de *A Arte no Horizonte do Provável*, S. Paulo, Perspectiva, 1969, pp. 205-12, e "Texto e História", de *A Operação do Texto*, São Paulo, Perspectiva, 1976, pp. 13-22.

"Da Tradução como Criação e como Crítica", de 1962[12]. Como também não são esses textos — em que a linguagem é uma viagem, suma e soma de um trajeto entretextos, entrefiguras: *Galáxias,* começados em 1963.

Fingidor e histrião, o poeta vincula tradução/tradição pela resistência de uma linguagem que o identifica:

o poeta é um fin
o poeta é um his

poe
pessoa
mallarmeios

e aqui
o meu
dactilospondeu:

entre o
fictor
e o
histrio

eu.

Desde a tradução do poema "Anaflor", de Kurt Schwitters, de 1956[13], até as mais recentes e notáveis versões de *6 Cantos do Paraíso,* de Dante[14], passando por Pound[15], Gomringer, Joyce[16], Palazzeschi, Ungaretti, Heissenbuettel, Bashô, Katsue, Marianne Moore, as admiráveis "Rime petrose" de Dante[17], Maiakóvski[18], Arno Holz, a incrível façanha

12. Cf. *Metalinguagem.* Ensaios de Teoria e Crítica Literária, Petrópolis, Vozes, 1967, pp. 21-39. (O ensaio foi originalmente Tese para o III Congresso Brasileiro de Crítica e História Literária — Universidade da Paraíba, 1962.)

13. Cf. "Kurt Schwitters ou o Júbilo do Objeto", *A Arte no Horizonte Provável,* pp. 35-52.

14. Cf. *6 Cantos do Paraíso,* Rio/S. Paulo, Fontana/Instituto Italiano de Cultura, 1978.

15. Cf. EZRA POUND, *Antologia Poética,* Lisboa, Ulisséia, s/d. O volume traz ainda tradução de Augusto de Campos, Décio Pignatari, Mário Faustino e José Lino Grünewald.

16. Cf. AUGUSTO e HAROLDO DE CAMPOS, *Panaroma do Finnegans Wake,* S. Paulo, Perspectiva, 1971.

17. Cf. "Petrografia Dantesca", em AUGUSTO e HAROLDO DE CAMPOS, *Traduzir & Trovar* (poetas dos séculos XII a XVII), S. Paulo, Edições Papyrus, s/d., pp. 61-87.

18. Cf. VLADIMIR MAIAKÓVSKI, *Poemas.* Trad. de Augusto e Haroldo de Campos (com a revisão ou a colaboração de Boris Schnaiderman). Rio de Janeiro, Tempo Brasileiro, 1967.

do Mallarmé de "Un Coup de Dés" [19], Hoelderlin [20], etc. etc., o que está no horizonte do poeta é sempre um modo de trans-historicizar a linguagem da poesia, fazendo da tradução uma forma elevada de resgate cultural.

Por isso, não se venha dizer (e como se vem!) que há o Haroldo de Campos-crítico, o Haroldo de Campos-poeta concreto e o Haroldo de Campos-tradutor, vigências isoladas de uma atividade boa aqui, sem importância ali, e admirável acolá. Poesia, tradução e crítica, para mim, neste caso, não são senão *personae* de um criador empenhado em buscar os limites (ou as ilimitações?) de uma inserção na história de seu tempo, quer dizer, na linguagem de seu tempo.

História e liguagem: passagens.

As Projeções

Passagens que se projetam agora nestes três longos textos de uma viagem que, felizmente, conforme atestam as *Galáxias*, está longe de terminar. (E será que há um término para este tipo de viagem?)

O próprio Haroldo de Campos, em entrevista, deu a pista para a leitura integrada das *Galáxias*:

um texto onde as fronteiras entre poesia e prosa são abolidas e que recupera sincronicamente, por assim dizer, a "pré-história" barroca de minha poesia concreta (em certo sentido, as *Galáxias* dialogam com *Ciropédia ou a educação do príncipe*, outro texto meu, de 52, no qual trabalho, pela primeira vez, com a palavra-montagem joyceana, vinculada a um controle minucioso do ritmo ou "pulsação" material das frases, melhor ainda dos "blocos" sincopados de frases no marco da página). Nesta segunda linha, a expansão semântica, a exfoliação dos vocábulos, a "conglutinação" fônica são os dispositivos ativados [21].

Na verdade, os textos das *Galáxias* reunidos em *Xadrez de Estrelas* formam uma espécie estranha de *notebook* do escritor: registros de revelações, alucinações, dia-a-dia, epifanias, onde a distância entre linguagem e objeto, entre um

19. Cf. "Um Relance de Dados", em AUGUSTO DE CAMPOS, DÉCIO PIGNATARI e HAROLDO DE CAMPOS, *Mallarmé*, S. Paulo, Perspectiva/EDUSP, 1975, pp. 115-174.

20. Cf. "A Palavra Vermelha de Hoelderlin", *A Arte no Horizonte do Provável*, pp. 93-107.

21. Cf. DANUBIO TORRES FIERRO, "La poesía concreta según Haroldo de Campos", *Vuelta*, n. 25, vol. 3, dez., 1978, p. 21.

ego e um *ego scriptor* (para usar expressões de Valéry nos *Cahiers*[22]) é suspensa ininterruptamente pelo discurso de suturas semânticas e fônicas.

Mais uma vez (e se não bastasse a indicação do próprio Haroldo de Campos acerca da retomada barroca de sua fase inicial)!, vejo aqui a marca do empenho em conferir ao ato de escrever um substancial substrato histórico: a biografia do escritor é tudo aquilo que, acoplado ao sufixo, revela a sua natureza de aglutinações sígnicas. Geografia e lexicografia, viagem e linguagem.

O movimento é, sobretudo, de uma desalienação fundamental: entre linguagem e objeto deixa de haver separação porque o objeto (o mundo) é o campo magnético das translações/traduções, em que a linguagem da escritura aponta para uma instância *situada* do discurso. Parecendo entregue aos devaneios da "prosa", a ruptura sintática indicia a presença marcante de uma consciência exercendo a passagem entre a biografia e a linguagem que, rigorosamente, a identifica e legitima.

Abolindo "as fronteiras entre poesia e prosa", a escritura das *Galáxias* não poderia deixar de ser o que é: um *ensaiar* ("livro de ensaios" é o seu subtítulo) as relações possíveis (fragmentos) entre figuras de uma imagem abrangente que se vai forjando à medida que, penosamente, o leitor recolhe as reverberações da leitura do mundo (mundo tornado linguagem) pelo escritor. E que imagem é está? Não será possível nomeá-la senão afirmando a sua tautologia básica: nas dobras da linguagem, a imagem que se forma é a da própria viagem que se prolonga até onde seja possível afirmar as vertigens de uma designação no horizonte biográfico do escritor.

Na entrevista citada, Haroldo de Campos falava das *Galáxias* como uma "segunda linha" de sua atividade. É porque ele antes dissera haver uma primeira:

... uma linha de transparência sintática, de busca de uma cristalinidade quase imponderável no arabesco fraseológico. Um novo rumo em minha produção, que se distancia dos anos ortodoxos, embora não de todo. *Esprit de finesse* em lugar do *Esprit de géométrie*... Para denominá-la de alguma forma, vali-me do termo latino *Lacunae* — lacunas — vácuos que são hiatos sintáticos, poemas feitos a partir da separação, da ruptura, dos interstícios, a omissão dos

22. Cf. *Cahiers I*, Paris, NRF, Bibliothèque de la Pléiade, 1973, pp. 17-319.

nexos entre as palavras, um contínuo escamotear de conectivos e ligações. Algo que se coloca em vias de responder, dentro dos limites de minha prática poética, à escritura luminosa do *Paraíso* de Dante, que venho traduzindo nestes últimos tempos. Rarefação e translucidez...[23].

É neste contexto que se situam os textos deste livro. Já falei antes na leitura de Dante por Haroldo de Campos como informando a estrutura da obra. Mais: a inversão da pirâmide dantesca, a que me referi, parecia-me indicar a sua viagem significante. Olhemos, a fim de comprovar, mais de perto os textos.

Iniciando-se por aqueles cinco textos meditativos — de que já exemplifiquei a direção —, as três outras partes da primeira seção — "Signantia Quasi Coelum" — não fazem senão confirmar o movimento totalizador da sensibilidade, atmosfera de signos, "respiro total".

Assim, por exemplo, a segunda parte, constituída por seis textos marcados por asteriscos, combina a exploração entre alto e baixo — "magma" e "céu", "azul", limites do texto — por meio de rápidas transgressões de registro sintático, instaurando aquilo que, no segundo texto, é chamado de "elipse: um estilo de persianas". Mas nem só de Dante se faz o livro.

O leitor de ideogramas, que é Haroldo de Campos[24], deixa-se revelar neste preciso quinto texto:

uma dança
de espadas

esta
escrita
delirante

lâminas cursivas

a lua
entre dois
dragões

com uma haste
de bambu
passar
por entre lianas
sem desenredá-las.

23. *Op. cit.*, p. cit.
24. Deixando de lado as incursões sobre o assunto em vários ensaios, veja-se, para exemplo, a magnífica obra de erudição e sensibilidade que é *Ideograma*. Lógica, Poesia, Linguagem, S. Paulo, Cultrix/EDUSP, 1977.

"Erecção de signos", como está dito no texto seguinte: criação, crítica e tradução internalizadas pelas contaminações imediatas no espaço da página aglutinadora. Ou, na "leitura de Novalis", ainda desta seção da obra:

> tinta branca
> sobre
> carta branca
>
> escrever é uma forma de
> ver
>
> alles ist samenkorn
> tudo é semente
>
> flamíssono.

É compreensível, por isso, que esta primeira seção encerre-se com uma "visão do paraíso", em que "o olho fosfóreo de Dante" articula-se ao prosaico(?) vôo de um avião:

> (da cabina — amarelo
> peito-de-pásaro —
> uma janela
> ogiva o
> pôr-de-céu).

Haroldo de Campos recupera, para o texto, já a partir do "flamíssono" do texto antes citado e completado pelo surpreendente último verso da estrofe anterior, o seu perigoso e legítimo jogo entre a lucidez concreta dos significados e a transparência reversível dos significantes.

Sem querer antecipar-me ao leitor nas inúmeras descobertas que este livro promete, não posso deixar de acrescentar algo sobre as duas outras seções.

Na segunda — "Status Viatoris: Entrefiguras" — há como que uma subterrânea relação com os textos das *Galáxias* dado o caráter de registro de passagem (num certo sentido, tradução do *Purgatório* dantesco) vertiginosa entre vida e linguagem.

Assim é que os seus três textos centrais, descontado o primeiro — "enigma para júlio bressane" —, são "figura de palavras: vida", colhendo, por sob os "arabescos fraseológicos", giros vertiginosos, os escolhos da realidade. O seu último verso é uma inscrição mural: "celacantos provocam maremotos".

Finalmente, os dois "esboços para uma Nékuia", completados pela "Coda" que explicita a inversão da pirâmide dantesca, guardam para o fim do livro o seu agudo teor de palimpsesto. O texto que se desfolha por sob o texto: vida e cosmo, significado e significante.

Depois do "status viatoris", impelido pela viagem significante, aquele "status recipientis pro meritis", de que fala Auerbach referindo-se ao *Purgatório*[25], é incluso na viagem de retorno à primeira seção do livro.

"Signantia": navegar é preciso.

---

25. *Op. cit.*, p. 142.

8. *ENVOI*: A TRADUÇÃO COMO RESGATE

A partir de poemas en otras lenguas quise hacer poemas en la mía. (OCTAVIO PAZ)

Rigorosamente o que acabo de escrever é uma tradução: a transformação que vai do pensamento à fala ou à escrita é, por assim dizer, o mecanismo inicial do ato de traduzir. Neste sentido, a tradução equivale à própria definição do ser humano enquanto ser dotado de uma linguagem de comunicação articulada. Embora corra-se o risco da generalização, é preciso acentuar este caráter amplo do conceito de tradução: senhor de linguagens, a das artes, a das ciências, a da especulação filosófica, a dos gestos, a dos ritos, e não somente da verbal, o homem é aquele ser que traduz. Traduz: leva adiante (de *traducere*) ou transfere (de *translatio*) o sentido. É claro que em ambas as vozes latinas os dois conceitos estão articulados. Levar adiante e transferir são aproximações ao mesmo processo de transformação do sentido original. Precisamente por serem aproximações, é que entre uma e outra está situado o processo de transformação: a busca pelo sentido original implica tanto o movimento para além quanto a transferência de contextos. Por isso, é possível pensar a tradução como uma empresa à beira da impossibilidade permanente. Traduzir significaria assim distanciar-se cada vez mais do sentido original pela modificação de um contexto básico perdido. Não é pois sem razão que o problema da tradução, para alguns, termina por apontar a própria condição fragmentária e perdida do homem. A metáfora da Torre de Babel recupera este sentido religioso: a busca pela possibilidade de um retorno à Voz Única.

Traduzir seria assim uma tarefa marcada pela queda do homem. Somente depois de Babel é que a tradução aparece como estigma caracterizador. (*After Babel* é mesmo o título do livro recente de George Steiner em que estuda "aspects of language and translation".) Neste sentido a tradução seria, sobretudo, lance aproximativo, e para sempre falho, ao Sentido. Sem desprezar este aspecto do problema (de que se acha fisgado esse extraordinário teórico e prático da tradução que foi Walter Benjamin), pode-se dizer que a sua laicização significou encontrar um lugar entre as práticas produtivas do homem. Tradução agora não mais apenas como busca do Sentido — de que se nutriu e se nutre toda a hemenêutica religiosa desde, pelo menos, Friedrich Schleiermacher — mas como produção de sentidos.

Isto significa, sobretudo, imantar, para o campo magnético da tradução, um elemento fundamental: a interpretação. Na verdade, sob o ângulo da produção de sentidos, a tradução importa na possibilidade de ser caracterizada como veículo de interpretações. Traduzir já não significa buscar o Sentido mas apontar para a própria feição polissêmica das linguagens. Tradutor: intérprete. Neste sentido tanto se pode dizer que a Cultura Latina *interpreta* a Grega quanto Pablo Casals *interpreta* Bach.

Em ambos os casos a interpretação indica uma escolha daqueles aspectos de origem que são adequados, por uma ou outra motivação, ao intérprete. Trata-se fundamentalmente do ato da leitura, seja a da Cultura Grega pela Latina, seja a do código de notações musicais de Bach por Casals. Como em nenhum dos casos é possível dizer que exista coincidência absoluta entre o original e a tradução, ambos os sistemas receptores (Cultura Latina e Casals) são tradutores, intérpretes.

Sendo assim, na medida em que a tradução é vista como produção de sentidos, envolvendo o processo de interpretação, a passagem de um código a outro, seja ele qual for, exige o exercício da crítica. Tradução: crítica do sentido. A passagem tem algo de vertiginoso. Mas que interpretação, não se coloca nos limites da vertigem? Interpretar, traduzir, criticar são termos de um mesmo e único processo: caminhos e descaminhos por entre as sendas das linguagens. A utilização do plural não é acidente estilítico: o horizonte da tradução está situado na pluralidade de sistemas semióticos. Os exemplos usados anteriormente já apontam para a pluralidade. A transmissão de herança cultural e a execução musical são aspectos privilegiados de passagens intersemióticas. E estas significam necessariamente a crítica, a leitura crítica de seus valores: crítica da cultura e interpretação musical são equivalentes sob o ângulo da tradução.

Entre sinonímia e polissemia, a tarefa do tradutor, do intérprete, do crítico é encontrar o sistema mais adequado de substituição que não se converta em paráfrase. A sombra da tautologia persegue e limita o alcance crítico da tradução. Mas como aquela é própria das linguagens de representação, é somente pela crítica que a tradução pode ser resgatada da paráfrase. Tradução: crítica das linguagens.

Chega-se assim ao término de uma viagem: a laicização da tarefa do tradutor significou não somente o encontro de seu lugar entre as práticas produtivas do homem como ainda a crítica destas práticas. Ao transformar-se em crítica radical das linguagens, a tradução se desaliena, libertando-se da posição secundária da paráfrase. Ao fazer-se produtora de sentidos, sem dobrar-se reverencialmente à busca do Sentido, a tradução encontra o seu papel radicalizador: a crítica do sentido faz convergir os dois movimentos básicos descritos inicialmente, isto é, aquele que leva adiante e aquele que transfere.

Por outro lado, é este papel de convergência, agora assumido pela tradução dessacralizada, que vai definir o que há de mais radical na tradução: a superação dos impasses da função mimética das linguagens. Afirmando-se como *imitatio* (e isto está em Pound, Eliot, Lowell ou Paz, para não falar no Poe "imitado" por Baudelaire), a tradução assume os riscos da crítica quer do processo, quer do produto. Sendo assim, ao libertar-se da aspiração ao Sentido, aceitando-se como *imitador*, o tradutor atinge o alvo da própria criação, re-criando. Não mais apenas se amplia ou se transfere de um código para outro: recompõe-se, pela *imitatio*, o processo que deu forma ao produto, chama-se Propércio, Dante ou Mallarmé. Apropriação seria bem o termo. Não a passagem ornamental do francês para o português, do latim para o inglês, do italiano para o português: a criação de um espaço em cada um dos sistemas receptores para que seja possível continuar ouvindo Mallarmé, Dante ou Propércio. Criação de espaços de linguagem: a crítica radical do sistema para o qual se traduz (= se leva, se traz) o produto.

Desta maneira, Propércio passa a fazer parte de uma leitura em língua inglesa da realidade através de Pound, assim como Dante poderá vir a fazer parte de uma leitura em português da realidade através de Haroldo de Campos. Em qualquer dos casos, a tarefa do tradutor se completa ao resgatar a linguagem do demônio da paráfrase e da tautologia, desalienando-a.

Em círculos cada vez mais abrangentes, torna-se possível a crítica da realidade pela linguagem.

Traduzir: aumentar o estoque das respostas plurais ao real. Multiplicar.

NOTA BIBLIOGRÁFICA

1. "As Ilusões da Modernidade", *Através 3,* São Paulo, Duas Cidades, 1979.

2. "Baudelaire, ou a Linguagem Inaugural", *Polímica 1,* São Paulo, Cortez, 1979.

3. "Mallarmé, ou a Metarmorfose do Cisne", inédito.

4. Valéry: Leitura Viva do Cemitério", em PAUL VALÉRY, *O Cemitério Marinho,* trad. de Jorge Wanderley, Rio de Janeiro, Fontana, 1974 [2. ed. pela Editora Max Limonad, São Paulo, 1984].

5. "Presença de Jorge Guillén", em *Homenaje a Jorge Guillén,* Massachusetts, Wesleyan University, 1977.

6. "Balanço de João Cabral", em *Brasilianische Literatur,* Herausgegeben von Mechtild Strausfeld, Frankfurt am Main, Surkhamp, 1984 (em alemão).

7. "Haroldo de Campos: um Cosmonauta do Significante", em HAROLDO DE CAMPOS, *Signantia Quasi Coelum,* São Paulo, Perspectiva, 1979.

8. "A Tradução como Resgate", *Revista de Letras,* Assis, Faculdade de Filosofia, Ciências e Letras, vol. 17, 1975.

CRÍTICA NA PERSPECTIVA

Texto/Contexto I
  Anatol Rosenfeld (D007)
Kafka: Pró e Contra
  Günter Anders (D012)
A Arte no Horizonte do Provável
  Haroldo de Campos (D016)
O Dorso do Tigre
  Benedito Nunes (D017)
Crítica e Verdade
  Roland Barthes (D024)
Signos em Rotação
  Octavio Paz (D048)
As Formas do Falso
  Walnice N. Galvão (D051)
Figuras
  Gérard Genette (D057)
Formalismo e Futurismo
  Krystyna Pomorska (D060)

O Caminho Crítico
  Nothrop Frye (D079)
Falência da Crítica
  Leyla Perrone Moisés (D081)
Os Signos e a Crítica
  Cesare Segre (D083)
Fórmula e Fábula
  Willi Bolle (D086)
As Palavras sob as Palavras
  J. Starobinski (D097)
Metáfora e Montagem
  Modesto Carone Netto (D102)
Repertório
  Michel Butor (D103)
Valise de Cronópio
  Julio Cortázar (D104)
A Metáfora Crítica
  João Alexandre Barbosa (D105)

Ensaios Críticos e Filosóficos
  Ramón Xirau (D107)
Escrito sobre um Corpo
  Severo Sarduy (D122)
O Discurso Engenhoso
  Antonio José Saraiva (D124)
Conjunções e Disjunções
  Octavio Paz (D130)
A Operação do Texto
  Haroldo de Campos (D134)
Poesia-Experiência
  Mario Faustino (D136)
Borges: Uma Poética da Leitura
  Emir Rodriguez Monegal (D140)
As Estruturas e o Tempo
  Cesare Segre (D150)
Cobra de Vidro
  Sergio Buarque de Holanda (D156)
O Realismo Maravilhoso
  Irlemar Chiampi (D160)
Tentativas de Mitologia
  Sergio Buarque de Holanda (D161)
Dos Murais de Portinari aos Espaços de Brasília
  Mário Pedrosa (D170)
O Lírico e o Trágico em Leopardi
  Helena Parente Cunha (D171)
Arte como Medida
  Sheila Leirner (D177)
Poesia com Coisas
  Marta Peixoto (D181)
A Narrativa de Hugo de Carvalho Ramos
  Albertina Vicentini (D196)
As Ilusões da Modernidade
  João Alexandre Barbosa (D198)
Uma Consciência Feminista: Rosário Castellanos
  Beth Miller (D201)
O Heterotexto Pessoano
  José Augusto Seabra (D204)
O Menino na Literatura Brasileira
  Vânia Maria Resende (D207)
Analogia do Dissimilar
  Irene A. Machado (D226)
O Bom Fim do Shtetl: Moacyr Scliar
  Gilda Salem Szklo (D231)
O Bildungsroman Feminino: Quatro Exemplos Brasileiros
  Cristina Ferreira Pinto (D233)
Arte e seu Tempo
  Sheila Leirner (D237)
O Super-Homem de Massa
  Umberto Eco (D238)
Borges e a Cabala
  Saúl Sosnowski (D240)
Metalinguagem & Outras Metas
  Haroldo de Campos (D247)
Ironia e o Irônico
  D. C. Muecke (D250)
Texto/Contexto II
  Anatol Rosenfeld (D254)
Thomas Mann
  Anatol Rosenfeld (D259)
O Golem, Benjamin, Buber e Outro Justos: Judaica I
  Gershom Scholem (D265)
O Nome de Deus, a Teoria da Linguagem e Outros Estudos de Cabala e Mística: Judaica II
  Gershom Scholem (D266)
O Guardador de Signos
  Rinaldo Gama (D269)
O Mito
  K. K. Rutheven (D270)
O Grau Zero do Escreviver
  José Lino Grünewald (D285)
Marcel Proust: Realidade e Criação
  Vera de Azambuja Harvey (D310)
O Poeta e a Consciência Crítica
  Affonso Ávila (D313)

Mimesis
  Erich Auerbach (E002)
Morfologia do Macunaíma
  Haroldo de Campos (E019)
Fernando Pessoa ou o Poetodrama
  José Augusto Seabra (E024)
Uma Poética para Antonio Machado
  Ricardo Gullón (E049)
Poética em Ação
  Roman Jakobson (E092)
Acoplagem no Espaço
  Oswaldino Marques (E110)
Sérgio Milliet, Crítico de Arte
  Lisbeth Rebollo Gonçalves (E132)
Em Espelho Crítico
  Robert Alter (E139)
A Política e o Romance
  Irving Howe (E143)
Crítica Genética e Psicanálise
  Philippe Willemart (E214)
A Morte da Tragédia
  George Steiner (E228)
Ibsen e o Novo Sujeito da Modernidade
  Tereza Menezes (E229)
Tolstói ou Dostoiévski
  George Steiner (E238)
Os Processos de Criação na Escritura, na Arte e na Psicanálise
  Philippe Willemart (E264)

O Prazer do Texto
  Roland Barthes (EL02)
Ruptura dos Gêneros na Literatura Latino-americana
  Haroldo de Campos (EL06)
Projeções: Rússia/Brasil/Itália
  Boris Schnaiderman (EL12)
O Texto Estranho
  Lucrécia D'Aléssio Ferrara (EL18)
Duas Leituras Semióticas
  Eduardo Peñuela Cañizal (EL21)
Oswald Canibal
  Benedito Nunes (EL26)
Mário de Andrade/Borges
  Emir R. Monegal (EL27)
A Prosa Vanguardista na Literatura Brasileira: Oswald de Andrade
  Kenneth D. Jackson (EL29)
Estruturalismo: Russos x Franceses
  N. I. Balachov (EL30)
Céu Acima – Para um Tombeau de Haroldo de Campos
  Leda Tenório da Motta (org.) (S45)
Sombras de Identidade
  Gershon Shaked (LSC)
Tempo de Clima
  Ruy Coelho (LSC)

Impresso nas oficinas
da Yangraf Impressão e Acabamento
em dezembro de 2009